99 Tipps

für Kreativität und Lebenskunst

Alexander Jeanmaire

ars momentum.

Danksagung
Für die Mitarbeit und tatkräftige Unterstützung danke ich
Wolfgang Boesner, Christoph Kubiciel, Anita Brockmann, Britta Baumann
und Tushita Jeanmaire.

Bibliografische Information
der Deutschen Bibliothek:
Die Deutsche Bibliothek verzeichnet diese
Publikation in der Deutschen Nationalbibliografie;
detaillierte bibliografische Daten sind im Internet
über http://dnb.ddb.de abrufbar.

ISBN 978-3-938193-44-0

Text und Konzept: Alexander Jeanmaire
Umschlagfoto: Alexander Jeanmaire
Redaktion und Lektorat: Anita Brockmann, Köln
Grafische Gestaltung: Britta Baumann, Dortmund
                             Alexander Jeanmaire
Druck und buchbinderische
Verarbeitung: LD Medienhaus GmbH & Co. KG, Ahaus

Printed in Germany

Inhalt

Liebe Leserin, lieber Leser,

Es ist schon ver-*rückt* mit dieser Kreativität, doch was soll's.

Wir sind nun mal das Werk aus unseres Schöpfers Hand und können nicht anders, als es ihm gleich zu tun, nämlich zu erschaffen. Das ist die Bedeutung des Wortes „creare", von dem das Wort „Kreativität" abstammt.

Wir alle erschaffen und bewirken dauernd irgendetwas. Schönes, Hässliches, Angenehmes, Unangenehmes, Sichtbares und Unsichtbares. Ja, manchmal freuen wir uns sogar über unsere Kreationen, aber oft haben wir unsere liebe Müh' mit den Geschöpfen unserer Gedanken, Wünsche und Vorstellungen und mit den daraus resultierenden Handlungen. Manchmal sind unsere Kreationen erfolgreich, manchmal geht der Schuss nach hinten los.

Dann sehen wir aus wie rührende Clowns, die sich mit einem sperrigen Klappstuhl in der Sackgasse ihrer aussichtslosen Bemühungen wiederfinden.

Kreativität ist unberechenbar. Sie ist Fluch und Segen zugleich. Einmal führt sie uns in den Himmel, ein andermal wirft sie uns in die Hölle der Verzweiflung. Aber sie ist immer voller Wunder, wie auch die folgende kleine, aber wahre Geschichte zeigt.

Es ist Samstagmorgen. Ich fahre in einem Miettransporter auf der Autobahn von Zürich nach Bern, den Laderaum voll gepackt mit siebzig Bildern für eine Ausstellung in Interlaken. Strömender Regen. Die Szenerie hat etwas Dramatisches. Eilig vorwärts drängende Regenwolken buhlen mit der grellen Sonne um die Vorrangstellung. Ich fühle mich großartig, inspiriert und kreativ. Mein Verlag hat mir dieser Tage den Auftrag für dieses Büchlein erteilt. Und wie jedes Mal, wenn ich in meiner Kreativküche ein neues Süppchen koche, bin ich ganz auf das Objekt meiner Begierde fokussiert. In diesem Fall also „99 Tipps für Kreativität und Lebenskunst" aus dem Ärmel zu schütteln. Hört sich ganz einfach an, oder? Die Einschränkung schreckt mich, hat gleichzeitig aber auch ihren Reiz, denn ich muss mich auf das Wesentliche beschränken und deshalb noch einmal tief in dieses Thema eindringen. So brüte ich also in erregter Erwartung zündender Ideen vor mich hin – die Hände am Steuer, Blick geradeaus. Neben mir meine zwei vertrauten Reisebegleiter: die Angst es nicht zu schaffen und das stimulierende Gefühl der Herausforderung. Plötzlich kommen sie, die Ideen, unerwartet wie immer. Zuerst eine, dann eine zweite. Aus diesen beiden ergibt sich eine dritte und daraus ein Konzept und plötzlich stürmen Bilder und Gedanken von allen Seiten auf mich ein. Nur leider

im falschen Moment, denn gute Ideen wollen festgehalten werden. Doch wie soll ich Notizen machen und gleichzeitig das Steuerrad festhalten? Ich wusste unmittelbar: „Jetzt hast du ein echtes Problem!" Da waren also dringend noch zusätzliche kreative Lösungen gefragt. Anhalten war unmöglich. Weit und breit keine Tankstelle, kein Rastplatz. Strömender Regen, starker Verkehr. Mit der rechten Hand grabsche ich blind nach meiner Agenda mit den unentbehrlichen, aus Altpapier selber fabrizierten Zetteln im DIN- A6-Format. Zu gefährlich! Wo ist der Papierblock? Ich sage laut und bestimmt zu mir selbst: „Jeanmaire, Herrgott noch mal, schau auf die Strasse. Das geht so nicht." Es bleibt nichts anderes übrig, als wieder einmal das Verbotene zu tun. Das was „man" nicht tun sollte. Ich halte auf dem Standstreifen, schalte die Warnblinkanlage an und notiere die Spontaneinfälle gemütlich auf die Schmierzettel. Das wiederhole ich in der Folge noch zwei-, dreimal, bis ich mit Schrecken feststelle, dass ich in Bern die richtige Ausfahrt verfehlt habe und nun anstatt nach Interlaken in Richtung Lausanne fahre. „Mist", fluche ich laut. Und genau in dem Moment, als ich verärgert mit der rechten Hand auf das Steuerrad schlage, kommt eine große Brücke auf mich zu, auf der mit riesigen weißen Buchstaben geschrieben steht:

„LEBE DEINEN TRAUM!"

„Das glaub' ich jetzt nicht!" Mir stockt der Atem, denn im selben Moment weiß ich, dass mir gerade die Idee für das Cover dieses Büchleins frei Bus geschickt wurde. Obschon die Brücke bereits hundert Meter hinter mir liegt, bremse ich und fahre entgegen jeder polizeilichen Vorschrift auf dem Standstreifen noch einmal zurück, um dieses Wunder zu fotografieren. Doch wie soll ich das durch die verregneten Frontscheiben anstellen? Um das Foto mehr oder weniger scharf hinzukriegen, gebe ich dem Verbotenen noch eins oben drauf und steige aus. Offenbar ist es dem wachsamen Piloten eines Polizei-Helikopters in der Ausübung seiner Pflicht nicht entgangen, dass da ein Verrückter den Verkehr gefährdet, denn kurz danach, als ich die ersten Fotos im Kasten habe und völlig durchnässt erneut Zuflucht in meinem Wagen suche, hält ein Streifenwagen vor mir an und die herbeigeeilten Beamten stellen mich zur Rede. Sie hätten beobachtet, dass ich schon einige Male auf dem Standstreifen angehalten hätte, ob es Probleme mit dem Wagen gäbe. „Ja", entgegne ich mit tiefen Runzeln auf der Stirn, gespielt betroffen: „Da war immer so ein komisches Stottern im Motor, das die Drehzahl

© Louis Jeanmaire

des Motors stark reduzierte. Deshalb musste ich von der Strasse, um den Verkehr nicht zu behindern. Sie wissen ja: Mietwagen! Da weiß man nie so recht, wer da alles damit gefahren ist. Ha, ha, ha!" Ich merke, man hat Mühe mir das abzukaufen. Doch nach der routinemäßigen Ausweiskontrolle verschwinden die beiden Beamten mit ihrem Streifenwagen im grauen Nass.

Kopfschüttelnd und immer wieder schallend lachend über dieses Theater setze ich meine mysteriöse Fahrt in Richtung Lausanne fort. Und wie es so ist mit diesen Inspirationsketten: Ein Wunder kommt selten allein. Schon nach ein paar hundert Metern steht eine Ausfahrt für mich bereit, die mich problemlos auf die andere Fahrspur und somit wieder zurück in die richtige Richtung führt.

Dieses herrliche Beispiel zeigt sehr anschaulich, wie Kreativität funktioniert. Die Ideen kamen nicht, als ich schön brav am Schreibtisch vor meinem Laptop saß und den Schriftsteller mimte, sondern in dem Moment, als ich gerade nichts tat und gedankenlos vor mich hinbrütete.

Hier sei zur allgemeinen Erheiterung doch noch kurz erwähnt, dass ich einige Monate später, als ich feststellte, dass das Foto von dem Graffiti zu dunkel und zu unscharf war, trotz ausdrücklicher Vorwarnung der Polizei noch einmal heimlich an diese Stelle zurückfuhr und nach zweistündiger Fahrt von der Polizei tatsächlich noch einmal auf frischer Tat ertappt wurde. Gott sei Dank hatte ich schon ein paar Fotos in der Tasche, doch auch die waren, wie sich später herausstellte, wieder nicht gut genug. Dafür wäre die Geldbuße umso besser ausgefallen und die war den Beamten nur unter einer wirklich komischen Bedingung auszureden: Sie würden noch einmal ein Auge zudrücken für den Fall, dass der Sprayer sich melden würde, wenn er sein Werk abgebildet auf der Titelseite dieses Buches sehen würde.

Die Musen sind sehr eigenwillig. Sie helfen und unterstützen uns, aber nicht so wie wir es uns vorstellen, sondern auf ihre eigene, geheimnisvolle Weise. Und oft ist es so, als würden sie uns prüfen. Einerseits ködern sie uns mit einem brillanten Einfall oder einer originellen Idee, andererseits stellen sie unseren Durchhaltewillen auf die Probe, so als wollten sie sich vergewissern, dass wir es auch wirklich ernst meinen mit unserem Projekt und nicht den Weg des geringsten Widerstandes gehen. Das mögen sie nämlich nicht.

Es geht also nicht darum, dass sich die Kreativität *unseren* Erwartungen anpasst, sondern dass *wir* uns der Kreativität anpassen.

Hüten Sie sich also vor allzu romantischen Vorstellungen. Wenn Sie sich der Kreativität einmal hingegeben haben, wird es zwar äußerst spannend, aber zeitweise auch wahnsinnig unbequem. Sie wird Sie unweigerlich an Ihre Grenzen und darüber hinaus um Ihren Verstand bringen. Deshalb ist es wichtig, sich ein paar Gedanken über sie, die Heißgeliebte und Begehrte, zu machen, um sie besser verstehen und sie für sich gewinnen zu können. Damit sie nicht *gegen* uns, sondern *für* uns wirkt.

Gott sei Dank ist jeder Mensch einmalig, wenn er nicht versucht andere zu kopieren. So könnte man durchaus von der Banalität solcher Tipps reden, denn nicht jeder Tipp passt zu jedem Menschen in gleichem Maße. Außerdem sind diese Tipps ja auch nichts wirklich Neues. Ihr tieferer Sinn besteht lediglich darin uns daran zu erinnern, worum es WIRKLICH geht, das heißt daran, wer wir im tiefsten Inneren sind, wie diese Schöpferkraft in und durch uns funktioniert, wie wir sie behindern und wie es uns gelingt, sie in ihrer ganzen Weisheit durch uns geschehen zu lassen.

Meisterschlüssel 

Suchen Sie sich einfach die Tipps aus, die Sie spontan ansprechen.

Für Schnellleser oder für diejenigen, die in Kürze das Wesentlichste erfahren wollen, sind einige Tipps mit einem Schlüsselsymbol versehen. Dabei handelt sich um die „Meisterschlüssel zur Türe Ihrer Kreativität". Das bedeutet: Wenn Sie nur einen dieser Tipps wirklich anwenden, wird sich Ihr Leben verändern.

Sterne vom Himmel pflücken

Der kreative Prozess oder, treffender gesagt, das schöpferische Prinzip, besteht wie die Natur aus polaren Gegensätzen, die sich gegenseitig bedingen und ergänzen:

Werden – Vergehen, Ruhe – Bewegung, Chaos – Ordnung, Ursache – Wirkung, Tag – Nacht, hell – dunkel, Form – Inhalt, Freude – Leid, materiell – spirituell, männlich – weiblich, festhalten – loslassen, erschaffen – zerstören, fühlen – denken, träumen – realisieren, fliegen und landen.

Der kreative Prozess ist allerdings komplexer und mysteriöser, als dass die Phasen so klar voneinander getrennt werden könnten. Die von mir gewählte Analogie vom Fliegen und Landen ist einfach nur ein poetisches Bild, welches schon im Vorfeld verhindern soll, dass das Verständnis unserer Kreativität sich in der Sackgasse einer trockenen, intellektuellen Analyse verirrt.

Kreativität ist wie eine Raumkapsel. Zuerst durchdringt sie nach langen Vorbereitungen die graue Wolkendecke der sogenannten Realität und steigt auf in die unbegrenzte geistige Freiheit des offenen blauen Universums, in der alles möglich ist. Doch irgendwann kommt naturgemäß der Moment der Umkehr, an dem der Astronaut einen winzig kleinen Fixpunkt auf der Erde festmacht, um zur Realität zurückzukehren und zu landen. Genau dieser dramatische Moment, wenn das Raumschiff in die Erdatmosphäre eindringt und zu glühen beginnt, ist auf die Kreativität übertragen der schmerzliche Moment, in dem eine geistige, das heißt sehr zerbrechliche und schnell schwingende Idee in die träge schwingende widerspenstige Materie eintaucht. Aus der Reibung, die dabei entsteht, aus diesem Widerstand entstehen die für kreative Menschen immer wieder durchlittenen Geburtswehen. Vielleicht redet man deshalb vom „Feuer der Begeisterung". Weil da beides – Freude und Schmerz – sehr nah zusammen liegen. Das Feuer entsteht vielleicht durch diese Reibung des Geistes an der Materie, durch diese Herausforderung, das Unmögliche möglich zu machen: Auf der unsichtbaren Leiter unserer Sehnsucht steigen wir immer wieder auf, um vom Himmel unsere Sterne zu pflücken und sie als Samen in unsere Erde zu setzen, damit aus ihnen bunte Blumen blühen.

Die Kunst zu fliegen

„Die Kunst zu fliegen" ist Ihre Fähigkeit, jenseits einengender Vorstellungen wie ein Kind spontan und unvoreingenommen zu spielen, zu träumen und zu fabulieren. Ihr Bewusstsein ist nach innen gerichtet. Das Fliegen symbolisiert Ihre weibliche, intuitive und imaginäre Seite und entspricht der rechten Gehirnhälfte: Es ist die Quelle unserer Phantasie.

Die Angst vor dem Fliegen

Die Angst vor dem Fliegen liegt darin begründet, dass Sie aufgefordert sind die Kontrolle aufzugeben, loszulassen, sich auszudehnen und sich DEM hinzugeben, das größer und umfassender ist als Ihr kleines Ich. Die Traumphase ist das kreative Chaos, die Ebene des „Sowohl-als-auch". Die geistige Ebene, auf der Sie jenseits von Zeit und Raum nach innen gehen, auf der alles gleichzeitig existiert und alles möglich ist. In dieser Phase flirten Sie mit den Musen und Ideen, wohl wissend, dass immer wieder Wunder geschehen, ohne dass man sie „machen" könnte. Visionen, Träume und Wunschvorstellungen sind eine notwendige Voraussetzung im kreativen Prozess. So wie der Teig für das Brot. Das Holz für das Feuer. Die Sonne für die Blumen.

Man sollte bewusstes, schöpferisches Träumen und Visualisieren allerdings nicht mit sentimentaler Weltflucht verwechseln. Für viele Menschen ist nämlich die Versuchung groß, hier stehen zu bleiben und es sich an diesem wohligen, kostenlosen und unverbindlichen Ufer gemütlich einzurichten, um von dort aus zuzuschauen, wie das Leben an ihnen vorbeizieht.

© H.C. Flemming

*Finden Sie heraus, wer Sie wirklich sind,
was Sie wirklich wollen und was Glück für Sie
bedeutet.*

Stellen Sie sich die Frage, woher Sie kommen, wohin Sie gehen und was Ihre höchste Bestimmung hier auf dieser Erde ist.

Das Leben hat nämlich etwas ganz Bestimmtes mit Ihnen vor. Ziehen Sie sich wiederholt einige Stunden oder noch besser Tage aus dem Verkehr, um herauszufinden, was das konkret für Sie bedeutet. Die Antworten finden Sie nicht in der Herde, dort, wo die Schafe blöken, sondern nur in der Stille Ihres gedankenleeren All-Ein-Seins. Schreiben Sie alles auf, ohne auf die Wertungen Ihres Verstandes zu hören. Lassen Sie die Frage in Ihrem Herzen brennen. Leben und sterben Sie für diese Frage, bis die Frage verschwindet, weil sie selbst zur Antwort wird.

Dieses Geheimnis herauszufinden ist das Einzige, was es zu tun gilt. Dies geschieht allerdings nicht nur im Nachdenken, sondern vor allem im praktisch erlebten Experiment. Was auch immer Ihr Kopf dazu sagt, probieren Sie alles aus, was Sie anzieht, was für Sie lebenswert erscheint und von dem Sie glauben, dass es Sie glücklich machen könnte.

Wenn Sie das wissen, dann brauchen Sie hier nicht mehr weiterzulesen. Dann geschieht alles zur rechten Zeit, am richtigen Ort, auf die richtige Weise, aus dem Zentrum Ihrer Kraft. Aber: Seien Sie ehrlich, zumindest zu sich selbst!

2 *Erkennen Sie Ihre persönlichen Stärken und Schwächen und entwickeln Sie eine realistische Selbsteinschätzung.*

Wenn Sie sich bei Tipp 1 Gedanken darüber gemacht haben, welches Ihre Bestimmung als Mensch auf spiritueller Ebene sein könnte, geht es hier unter Tipp 2 um Ihren ganz persönlichen, weltlichen Charakter: um Ihre Stärken und Schwächen. Diese Selbsterkenntnis ist von unschätzbarem Wert für Ihr Selbstbewusstsein und die Befreiung Ihrer Kraft. Denn wenn Sie Ihre wahre Begabung kennen und unter Beweis stellen, wissen Sie, wo Ihre Kraft und Ihre Begeisterung sind. Außerdem hilft Ihnen die Selbsterkenntnis, sich realistisch einzuschätzen, das heißt Ihre Begabungen, Leistungen und Kompetenzen weder über- noch unterzubewerten.

Viele Menschen haben einen Traum, nur merken sie oft Jahre oder gar Jahrzehnte lang nicht, dass sie in einer Illusion leben, weil dieser Traum nicht mit ihrer wahren Begabung übereinstimmt. Um ihre Begabung richtig einschätzen zu können, müssen sie sie über Jahre in der Öffentlichkeit unter Beweis stellen. Es ist doch besser und kreativer, mit der eigenen Mittelmäßigkeit glücklich und in Harmonie zu leben, als als unverstandenes Genie enttäuscht und verbittert in der Nervenklinik zu landen.

Wenn Sie jetzt auch noch erkennen, wo in Ihnen noch ungenutztes Potential liegt, steht Ihnen nichts mehr im Weg, um erfolgreich zu werden.

Übungen:

1. Erstellen Sie Ihr eigenes Stärke-Schwäche-Profil anhand der Checkliste „Lebensbereiche", Seite 152.
2. Gestalten Sie Ihre Standort-Collage ebenfalls anhand dieser Checkliste. Schneiden oder reißen Sie spontan Bilder aus farbigen Illustrierten und kleben Sie diese mit repositionierbarem Sprühkleber auf einen großen Papierbogen von mindestens 80 x 100 cm zu einer aussagekräftigen Illustration zusammen, die am Ende Sie und Ihr Leben darstellen soll. Genaue Erklärungen dazu finden Sie auch in meinem Buch „Der kreative Funke"(ars momentum Kunstverlag).

Weitere, sehr hilfreiche Methoden zur Selbsterkenntnis und Standortbestimmung:

- Horoskop und astrologische Persönlichkeitsanalyse
- Das individuelle Hermann Dominanz Instrument (HDI) zur Darstellung bevorzugter Denkstile (Bezugsadresse: www.strategie-b.de)
- Psychologische Klärungsgespräche und Beratungen
- Therapien
- Dynamische und stille Meditationen
- Tarotkarten legen, Malen, Schreiben, Theater spielen
- Selbsthilfegruppen, spirituelle LehrerInnen, Aufenthalt im Kloster, Sport, Sex, Reisen alleine und alle Herausforderungen, die Sie an und über Ihre Grenzen führen

© A. Jeanmaire

3 Schauen Sie dem Herrgott auf die Finger. Lassen Sie sich von der Natur inspirieren.

Ununterbrochen erschafft die Natur aus sich selbst heraus, immer neu, ursprünglich, originell. In allem, was sie erschafft, offenbart sich eine tiefere Ordnung. Wertfrei atmen die beiden Pole: Leben und Tod, Tag und Nacht, Ebbe und Flut, Zerstörung und Aufbau als harmonisches Ganzes im ewigen Zyklus von Werden und Vergehen. Die Natur ur-teilt nicht. Sie teilt nicht zwischen Gut und Böse. In der Natur ist alles EINS und gut, so wie es ist. Alles ist göttlich, nichts ist heilig!
Albert Einstein sagte bereits vor fast 100 Jahren: „Materie ist sichtbar gemachter Geist." Demnach ist alle Materie, die wir wahrnehmen können, Geist oder Energie. Also sind auch wir Menschen, die Tiere und die Pflanzen materialisierte Energie.
Alles ist Energie und Energie will fließen.
Die menschliche Kreativität beruht auf den gleichen polaren Gesetzmäßigkeiten wie die Natur.
Das Ur-Bild spiegelt sich auf wunderbare Weise im Ab-Bild wieder.

Empfehlungen:

1. Machen Sie einen Waldspaziergang im Morgengrauen.
2. Schlendern Sie alleine am Meeresstrand und halten Sie eine Muschel ans Ohr.
3. Gehen Sie bei Vollmond alleine spazieren.

Beobachten Sie eine Blume, einen Baum, eine Wiese und die Wolken, die sich im See spiegeln, mit den Augen eines Kindes: durchlässig, leer und wertfrei. Fühlen Sie das Objekt Ihrer Betrachtung von innen heraus, ohne das Wort dazu zu denken und automatisch zu sagen: „Oh, eine Eiche!" „Oh, eine Rose!" Gehen Sie achtsam, langsam und bewusst und Ihnen begegnet das GROSSE im KLEINEN. Fotografieren Sie, zeichnen Sie, auch wenn Sie glauben nicht zeichnen zu können! Es gibt großartige Dokumentarfilme und DVD's über die Wunder der Natur. Denn, wie Marie von Ebner-Eschenbach sagt: „Wer nichts mehr bewundern kann, erlebt niemals Wunder."
Ob Sie nun Landschafts- oder Raumgestalter, Architekt, Maler, Musiker, Designer, Bühnenbildner, Manager, Hausfrau oder einfach Lebenskünstler sind, die Natur kann Ihnen zum spirituellen und ästhetischen Vorbild für Ihr Leben und Ihr ganzes gestalterisches Schaffen werden: eine kraftvolle Anregung für Schönheit, Harmonie, Farbenlehre und Proportion. Oder sie kann Ihnen einfach zu einem besseren Geschmack verhelfen. Suchen Sie nicht zu weit, sondern erinnern Sie sich an Goethes berühmten Satz: „Warum denn in die Ferne schweifen, das Gute liegt so nah!"
Und eines Tages werden Sie erkennen: Die Natur ist der Maßstab aller Dinge.

4 Versuchen Sie es dem Schöpfer gleich zu tun. Erschaffen Sie!

Das Wort „Kreativität" kommt von dem lat. Wort „creare" und bedeutet „erschaffen". In der Kreativität geht es also darum, dass Sie im Erschaffen und Handeln über sich selbst hinauswachsen und Ihrer Bestimmung gemäß wieder ganz, schöpferisch, das heißt Gott gleich werden. Kreativität bedeutet Platz zu schaffen, damit Gott durch Sie hindurchfließen kann.
Seien Sie Produzent, Drehbuchautor, Regisseur, Hauptdarsteller, Bühnenbildner, Kameramann in einer Person. Versuchen Sie, es dem Schöpfer gleichzutun: Erschaffen Sie Schönheit in Ihrem Leben, die von anderen gesehen werden kann. Hier hat Schönheit nichts mit Moral und kulturellen Werten zu tun, sondern mit Wahrheit, mit ihrer ureigenen gelebten Authentizität und Bestimmung. Achten Sie das in Ihnen angelegte schöpferische Selbst und Sie legen den unerschütterlichen Grundstein für Ihre Selbst-Achtung.

Fragen:

1. Wann hatten Sie das letzte Mal den Eindruck, über sich selbst hinausgewachsen zu sein?
2. Was ist da geschehen? Wie kam diese Erfahrung zustande?
3. Wie können Sie diesen Zustand in Zukunft erneut begünstigen?
4. Welche Erkenntnis haben Sie aus dieser Erfahrung gewonnen?

5 Begegnen Sie der Kreativität nicht als Machthaber, sondern als Liebhaber.

Kleider, Autos, Reisen, Sprachkenntnisse, größere Brüste können heute problemlos käuflich erworben werden. Getreu dem Motto: Ich konsumiere, also bin ich! Solange sich diese Gier auf äußere Dinge beschränkt, ist das mehr oder weniger harmlos. Wenn wir allerdings in unserer Konsumentenarroganz und unserem Machbarkeitswahn wie kleine Kinder nach den großen Dingen wie Liebe, Glück, Gott oder Kreativität greifen, dann scheint das Geschäft nicht mehr zu funktionieren. Ganz einfach deshalb, weil diese wirklich wichtigen, existentiellen Dinge nicht käuflich und nur denjenigen zugänglich sind, die den Mut haben, in Liebe und Hingabe für ihre Sache zu leben.
Bevor Sie also nach Ihrer Kreativität greifen und Forderungen an sie stellen, hören Sie ihr zu. Es geht nicht so sehr darum, was Sie von der Kreativität erwarten, sondern was die Kreativität von Ihnen erwartet. Fragen Sie nicht, was Sie nehmen, sondern was Sie geben könnten. Wo ist Ihr Herz? Wo ist Ihre Liebe? Räumen Sie alles weg, was ihr im Wege steht, zuallererst Ihre eigenen „Wenn" und „Aber", denn um vorwärts zu kommen, müssen Sie sich zuerst einmal umdrehen.
Das heißt Sie müssen verstehen, was Kreativität wirklich bedeutet.

Empfehlung:

Besuchen Sie eine Buchhandlung oder eine Bibliothek. Blättern Sie in Fotobüchern über Kunst, Architektur, Design und Mode. Lesen Sie Bücher zu den Themen Kreativität und Lebenskunst, Liebe und Abenteuer oder Biographien über bekannte, kreative Menschen, die etwas bewegt haben.

© Ewa Ratzler/Foto: NINA MANN – Zürich

6   *Seien Sie ein Original und keine Kopie.*

So wie jede Blume, jeder Baum, jeder Sonnenuntergang sich nie wiederholt, so sind auch Sie einmalig: ein Original.

Seien Sie echt, authentisch, seien Sie Sie selbst, denn genau so hat Sie Gott geschaffen. Verlassen Sie die ausgetretenen Pfade der Massen, verlassen Sie die fremden und eigenen Vorstellungen davon, wie Sie sein sollten. Es kann durchaus hilfreich sein Vorbilder zu haben, um sich selbst zu finden und um seine eigenen Begabungen zu erkennen. Da es sehr bequem ist, läuft man allerdings Gefahr, diese Menschen einfach zu kopieren. Schauen Sie sich die Welt an: lauter Kopien!

Kreieren Sie anstatt zu kopieren. „Wenn du jemanden nachahmst, beleidigst du dein eigenes Menschsein, beleidigst du Gott." – So treffend und schön kann es nur Osho formulieren. Suchen Sie alleine und in Stille, im dunklen Labyrinth des Lebens und Sie werden Ihr eigenes Licht finden, denn Sie können nur als Individuum wirklich schöpferisch, das heißt originell sein! Die einzige Alternative, die Sie haben, ist ein Verlust an Integrität, Selbstvertrauen und eine gespaltene Persönlichkeit, die zwischen dem, wie sie wirklich ist, und dem, wie sie sein möchte, ständig hin und her gerissen wird. Wenn Sie also ernsthaft darüber nachdenken, haben Sie keine Wahl.

Nur die Wahrheit befreit. Jede Lüge und Kopie macht krank und abhängig und hindert nicht nur Ihre Kreativität, sondern macht sie vollkommen unmöglich.

Fragen:

1. Finden Sie sich originell? Wenn ja, in welchen Bereichen am meisten und in welchen am wenigsten?
2. Welche Vorbilder oder Autoritätspersonen kopieren Sie ein bisschen, wenig oder sehr?
3. Was könnten Sie in Ihrem Leben ändern, um origineller zu werden?

Buchempfehlung:

Osho: „Kreativität – Die Befreiung der inneren Kraft"

7 *Glauben Sie nicht – zweifeln Sie!*

„Es gibt keine dummen Fragen, es gibt nur dumme Antworten."

Geben Sie sich nicht mit vorgefassten eigenen oder fremden Glaubenssätzen, Dogmen oder Meinungen über sich und die Welt zufrieden. Machen Sie Ihre eigenen, direkten Erfahrungen. Begegnen Sie dem Leben nackt, unschuldig, unmittelbar, so wie es ist. Mit den Augen eines Kindes: neugierig, leer und spielerisch. Nicht der Glaube macht selig, sondern die ureigene Erfahrung.

Zweifeln Sie alle Glaubenssätze an, vor allem Ihre moralischen, religiösen und sogenannten spirituellen. Viele angeblich tugendhafte Menschen blockieren ihre Kreativität und Lebensfreude, indem sie sich selbst klein machen und als Opfer oder Sünder das Weltbild verwüsten. Glaube kommt aus dem Kopf und nicht aus dem Herzen. Glaube ist eine Medizin gegen tiefsitzende Zweifel. Heißen Sie all Ihre Zweifel willkommen. Sie sind ein Zeichen dafür, dass Ihre Kreativität erblüht, indem Sie nun selbst zu forschen und zu experimentieren beginnen. Sie müssen nicht an Gott glauben oder ein besserer Mensch werden, um Ihr schöpferisches Potential zu entfalten. Wenn Sie es leben und selbst erfahren, dann sind Sie selbst Gott, ein Schöpfer – dann fällt jeder Ersatzglaube wie ein Herbstblatt von Ihnen ab. Dann sind Sie frei. Dann vertrauen Sie.

Übung:

1. Notieren Sie zu mindestens zwanzig Lebensbereichen Ihre Meinung. Nehmen Sie schriftlich Stellung zu Themen, die Sie interessieren: z. B. Politik, Technik, Krieg, Geld, Spanier, Chinesen, Nachbarn, Erziehung, Gott und Ihr Glaube, Tod, Liebe, Sex, das andere Geschlecht, Jazz, französischer Käse, die Klimaerwärmung usw.
2. Jetzt lesen Sie alles noch einmal gründlich durch und zweifeln alles an. Fragen Sie sich ehrlich, ob sich diese Meinungen aus ureigener Erfahrung gebildet haben oder ob Sie alles nur so dahinsagen.
3. Jetzt machen Sie die Übung noch einmal. Bei diesem Durchgang schreiben Sie das Gegenteil dessen auf, was Sie zuerst als Ihre Meinung zum Thema aufgeschrieben haben.
4. Was hat sich jetzt in Ihrer Gefühlslage verändert, wenn Sie Ihre Meinungen anzweifeln und verändern? Vielleicht stellen Sie fest, dass Grenzen nur aus Gedanken bestehen.

8 *Definieren Sie Ihr Selbstwertgefühl nicht über das, was Sie haben oder zu sein scheinen, sondern über das, was Sie sind!*

Die meisten Menschen beziehen ihr Selbstwertgefühl über die Anerkennung von außen und definieren ihren Selbstwert bewusst oder unbewusst über Besitz, Ansehen, Vermögen und Status. Bevor Sie nicht ganz in Ihrer Kraft sind, seien Sie auf der Hut, dass Sie Ihre Seele nicht an Äußerlichkeiten verkaufen. Die Versuchung ist stärker, als Sie denken. All diese Äußerlichkeiten machen unser Leben zweifellos sehr angenehm, aber sie sind vergänglich und nichts im Vergleich mit der tiefen Erfüllung, die von innen kommt, nämlich dann, wenn Sie ganz in Ihrer Wahrheit sind – etwa im Sinne Hellmut Walters: „Der Mensch hat nur das, was er ist. Nicht das, was er hat."

Fragen:

Beantworten Sie folgende Fragen, um herauszufinden, ob Sie sich über das, was Sie haben oder über das, was Sie sind, definieren:

1. Machen Sie Ihre Arbeit wegen des Geldes und der Anerkennung oder weil sie Ihnen Freude macht und Ihrer tiefsten Bestimmung entspricht?
2. Würden Sie Ihren Beruf auch mit der Hälfte des Lohns und ohne Anerkennung gerne ausüben?
3. Wie würde es um Ihr Selbstwertgefühl stehen, wenn Sie plötzlich arbeitslos wären?
4. Können Sie auch alleine ohne die Anerkennung eines Partners glückliche Momente erleben?
5. Wie reagieren Sie auf Kritik an Ihrer Person?
6. Wie wichtig sind Ihnen Äußerlichkeiten wie z. B. Kleider, Schmuck, Autos, renommierte Restaurants und der Umgang mit wichtigen Persönlichkeiten, um sich sicher zu fühlen? Wie wäre es für Sie ein Niemand zu sein?
7. Akzeptieren Sie sich selbst, genau so, wie Sie sind, mit allen Ecken und Kanten oder haben Sie oft das Gefühl, dass Sie anders sein möchten, als Sie sind?

9

Sie brauchen nichts und niemanden, um kreativ und schöpferisch zu sein – Sie sind es bereits.

Halten Sie sich selbst für sehr, durchschnittlich oder wenig kreativ? Vergessen Sie den Glauben, Sie seien unkreativ. Das ist nur ein Gedanke in Ihrem Kopf. Warten Sie nicht auf bessere Zeiten, bessere Partner oder den großen Lottogewinn. Schließen Sie für kurz die Augen und stellen Sie sich Ihr ideales Leben in allen Details vor. Lassen Sie sich mindestens drei Minuten Zeit. Sehen Sie! Allein die Tatsache, dass Sie sich die Verwirklichung Ihrer Träume realistisch vorstellen können, zeigt, dass Sie über eine schöpferische Vorstellungsgabe verfügen.
Lassen Sie Ihre Sehnsucht nach Selbstverwirklichung, Ihre Träume und Phantasien zu. Hegen und pflegen Sie sie!

Sie sind nicht nur ein Geschöpf dieser Schöpferkraft:
Sie SIND diese Schöpferkraft selbst.

Es gibt also keine Ausrede mehr, irgendetwas, das Sie gerne tun würden, aufzuschieben. Die Frage ist nur, ob Sie diese Tatsache erkannt haben und in kreativen selbstbestimmten Taten auch tatsächlich umsetzen. Wenn Ja: Meine herzliche Gratulation! Wenn Nein, dann beginnen Sie heute mit dem ersten Schritt.
Welcher könnte das sein?
Die Zukunft ist JETZT!

10 *Bauen Sie sich immer wieder Zeiten des Alleinseins in Ihren Alltag ein.*

Viele Menschen fürchten das Alleinsein mehr als den Tod, denn im Alleinsein kommen oft unliebsame Gefühle hoch. Wenn wir aber so kraftvolle Gefühle wie Angst, Trauer, Verlassenheit und Leere verdrängen, leben wir nur halb und flüchten in die illusionäre Sicherheit einer Spaßgesellschaft, die nur dazu da ist, jeden Tiefgang, jedes Urvertrauen zu vermeiden.

Im Alleinsein begegnen Sie sich selbst als Individuum, so wie Sie sind. Direkt und unverfälscht durch die Projektionen und Wünsche anderer Menschen, die es vermeintlich nur gut mit Ihnen meinen. Es ist absolut notwendig, dass Sie sich immer wieder aus der Routine der kollektiven Anpassung ausklinken und den Mut aufbringen, sich der fundamentalen Unsicherheit des Lebens und der damit verbundenen Angst zu stellen. In diesem kleinen Tod wachsen Sie über Ihre eigene Sterblichkeit hinaus, um im Zentrum Ihrer Kraft wiedergeboren zu werden. Dann kann Ihnen nichts mehr geschehen. Und ganz nebenbei haben Sie auch noch das Geld für den Psychologen gespart, das Ihnen jetzt für Ihr Projekt zur Verfügung steht.

Empfehlungen:

1. Beschränken Sie äußere Ablenkungen, Kompromisse, small talk und Leerläufe auf ein Minimum. Konzentrieren Sie sich stattdessen auf sich selbst, Ihre Ziele und Prioritäten.
2. Schlagen Sie gleich jetzt Ihre Agenda auf und planen Sie Leerstellen genauso ein wie Termine. Es muss ja zu Beginn nicht gleich ein ganzes Wochenende sein, es reicht schon ein halber Tag in der Woche oder eine Stunde pro Tag.
3. Was tun mit der Angst? Nehmen Sie sie einfach mit wie einen Freund. Sie wartet nur darauf, dass Sie sie in die Arme nehmen und nicht mehr von sich stoßen.

11 Nutzen Sie die Stille als Tor zur Selbsterkenntnis und zu innerer Kraft.

Die Schwester des Alleinseins ist die Stille.

Schaffen Sie ein natürliches Gleichgewicht zwischen Lärm und Stille, Handeln und Ruhe, Aktivität und Einkehr. Die meisten Menschen glauben Probleme, die der Kopf erzeugt, auch über den Kopf lösen zu können. Das wäre so, als würde die Katze versuchen, sich selbst am Schwanz aus dem Wasser zu ziehen.

Gönnen Sie sich immer wieder Momente der Stille.

Lernen Sie die Kunst der Meditation! Dann lösen sich die Probleme von selbst oder es zeigen sich kreative Ideen und Lösungen, weil das Unbewusste ungestört an Ihnen arbeiten kann, während Sie still sind. Die Stille ist wie ein klarer Spiegel, in dem Sie sich selbst erkennen. Eine unversiegbare Quelle der Regeneration.

In der Stille, jenseits einengender Gedanken und persönlich gefärbter Geschichten eröffnet sich Ihnen eine schöpferische Freiheit jenseits jeder Vorstellung.

Es gibt unzählige Arten von Lärm, aber nur EINE STILLE: Die Stille ist das einzige, was sich nie bewegt. Das einzig verlässliche. In der Stille ist alles enthalten, was Sie in der Außenwelt vergebens suchen: Friede, Freude, Freiheit, allumfassende Liebe, der Raum unbegrenzter Möglichkeiten.

In der Stille erkennen Sie: Ich bin nicht meine Gedanken. Ich bin nicht meine Gefühle. Ich bin nicht mein Körper. Ich bin DAS, was nicht kommt und geht. Ich bin beobachtendes Bewusstsein.

Empfehlungen für die „Reise nach innen":

1. Raum lüften
2. Leichte bequeme Kleidung tragen, im Winter warme Socken
3. Wenn Sie leicht frieren, bedecken Sie sich mit einer Woll- oder Kaschmirdecke.
4. Setzen Sie sich auf einen Stuhl, ein Hirsekissen oder einen Meditationsschemel.
5. Schließen Sie jetzt Ihre Augen. Atmen Sie tief ein, bevor Sie Ihren Atem, die Gedanken und Gefühle einfach beobachten und geschehen lassen, ohne irgendetwas zurückzuhalten oder zu forcieren. Lassen Sie los, lassen Sie alles geschehen und geben Sie sich keine Mühe, irgendetwas richtig machen zu müssen.
6. Beginnen Sie mit fünf oder zehn Minuten und verlängern Sie dann Ihre Sitzungen.

Duftessenzen, Räucherstäbchen oder Meditationsmusik geben der Stimmung zusätzlich eine feierliche Note. Kreieren Sie sich einen kleinen „Altar", auf dem Sie alles aufstellen, was für Sie Bedeutung hat und Sie positiv beeinflusst, etwa Blumen oder Fotos von geliebten Menschen und Lehrern. Dinge, die Sie an das Wesentliche erinnern und Ihre Kreativität beflügeln.

12 *Besuchen Sie einen Friedhof.*

Spazieren Sie über einen Friedhof – langsam, achtsam, bewusst.

Lassen Sie Ihre Gedanken vor dem Eingangstor zurück. Setzen Sie sich, wenn Sie mögen, auf eine Bank. Schauen Sie sich all diese Gräber an und machen Sie sich bewusst, dass auch Sie eines Tages sterben werden. Fragen Sie sich jetzt, was Sie tun würden beziehungsweise nicht mehr tun würden, wenn Sie nur noch ein halbes Jahr zu leben hätten. Was möchten Sie in dieser kurzen Zeit, die Ihnen noch bleibt, am liebsten tun?

Vielleicht stellen Sie fest, dass Sie

- einem geliebten Menschen nie gesagt haben, dass Sie ihn lieben.
- einmal Trompete spielen wollten.
- sich nie mit Ihrer Mutter versöhnt haben.

Schreiben Sie mit Hilfe der Checkliste „Lebensbereiche" auf Seite 152 noch mindestens zehn weitere Dinge auf, die Ihnen wirklich am Herzen liegen.

13 *Leben Sie im Hier und Jetzt!*

„Wie im Herbst, wenn die Blätter fallen, so ist die Seligkeit, die sich immer ringsumher ergießt – so leise, so lautlos. Alles ist vollkommen. Alles ist Gnade. Nur Ihr seid nicht bewusst hier." *Osho*

Es gibt nur das Jetzt. Entweder Sie tun jetzt etwas oder Sie tun es nie!
Der schöpferische Moment (die bewegende Kraft, das „momentum", nach dem der Verlag dieses Büchleins benannt ist) ist immer jetzt! Die Vergangenheit liegt hinter Ihnen und ist vorbei. Die Zukunft, Ihr Erfolg, Ihre Beziehungen ergeben sich aus dem, was Sie jetzt tun und sagen – oder eben nicht. Sie können nur jetzt essen und atmen, Gitarre spielen, küssen und lieben. Hoffen Sie nicht auf bessere Zeiten.
Die beste Zeit ist jetzt.
Das Hier und Jetzt reduziert Ihr Vorhaben auf machbare kleine Schritte.

Übung:

Wenn Sie sich gerade im Kreis drehen und Gedankengänge endlos wiederkäuen, sich Vorwürfe machen oder über Dinge nachdenken, die schon längst der Vergangenheit angehören:

1. Wecken Sie sich mit einem Schlag an Ihren Kopf und sagen sie laut „Stopp!"
2. Atmen Sie bewusst und fühlen Sie Ihre Füsse auf dem Boden. Nehmen Sie Ihre Umgebung ebenso bewusst wahr.

Diese Übung wird Sie immer wieder in die Gegenwart zurückbringen. Von dem, was war oder sein sollte, zurück ins Hier und Jetzt. Fehlgeleitete Gedanken und Energien werden wieder gebündelt. Sie erfahren sich wieder als Einheit und erkennen Ihre Prioritäten. Sie sind wieder wach und präsent und sehen den nächsten Schritt.

14 *Vergeben und verzeihen Sie sich selbst und anderen.*

Ihre Aufgabe ist es nicht, andere Menschen zu ändern. Die Menschen sind wie sie sind. Indem Sie Mitgefühl mit sich selbst entwickeln, können Sie auch andere besser verstehen und annehmen. Lassen Sie jetzt jeden Groll und Ärger los. Nicht um ein besserer Mensch zu werden, sondern weil Liebe befreit und Hass und Vergeltung Sie von anderen abhängig macht und Ihre Energie blockiert. Eine weitere Qualität des Herzens ist die Fähigkeit zu verzeihen.

Übung:

1. Legen Sie sich bequem und entspannt hin, schließen Sie Ihre Augen und legen Sie die linke Hand auf Ihr Herz.
2. Überlegen Sie sich, was Sie sich selbst oder anderen Menschen vorwerfen bzw. wem Sie was nicht verzeihen können.
3. Dann formulieren Sie den folgenden Satz mündlich oder schriftlich:
   „Ich verzeihe mir/dir …, dass ich/du …" usw.
   Sie werden sich besser fühlen, denn Vergebung heilt Ihr Herz.

15 *Seien Sie offen für Überraschungen und Wunder.*

Viele Dinge im Leben, vor allem die Großen und Wichtigen, kann man nicht produzieren. Man kann sie sich nur schenken lassen.

Arbeite, gib alles und gehe an deine Grenzen – dann lass los und bete.

Wunder geschehen oft dann, wenn man sie am wenigsten erwartet. Erinnern Sie sich an Ereignisse in Ihrem Leben, die ihm plötzlich und auf wundersame Weise eine neue Wendung gaben. Schauen Sie mit den Augen eines Kindes und Sie werden überall Überraschungen und Wunder erleben.

Übung:

1. Legen oder setzen Sie sich abends alleine und in Stille hin und lassen den Tag oder Ihr Leben vor Ihrem geistigen Auge Revue passieren.
2. Erinnern Sie sich an alles, vor allem auch an die kleinsten Dinge und Details, die besonders und überraschend waren. In dem Maße , in dem Sie Ihre Wahrnehmung auf solche Ereignisse richten, werden Sie sie auch erkennen, wenn sie Ihnen begegnen, werden sie geschehen und werden Sie ihnen vertrauen.

Nutzen Sie auch die Checkliste „Lebensbereiche" auf Seite 152.

16   *Bewahren Sie sich Ihre Lebendigkeit und Neugierde.*

Wenn man Kindern beim Spielen zuschaut, scheint es offensichtlich, dass ihnen die Neugierde und das Ausprobieren von immer Neuem angeboren ist. Im Gegensatz zum Erwachsenen ist ein Kind frei von Wissen und Erfahrung und deshalb offen und unschuldig. In dem Moment, in dem man meint etwas erkannt zu haben, erlischt die Neugierde, denn sie basiert auf der Annahme, dass es noch etwas Neues zu entdecken gibt.

Empfehlung:

- Suchen Sie immer wieder nach neuen Herausforderungen.
- Bewahren Sie eine positive Einstellung zum Leben. Hüten Sie sich vor Sätzen wie „ Dafür bin ich zu alt", „Das verstehe ich ohnehin nicht", „Das ist nichts für mich" oder „Das kenne ich alles schon".
- Vergessen Sie alles, was Sie nicht gerne und mit Begeisterung tun.
- Bleiben Sie nicht an der Oberfläche, gehen Sie bei allem, was Sie tun, in die Tiefe. Forschen, recherchieren, lesen und sammeln Sie. Informieren Sie sich.
- Laufen Sie mit wachen Sinnen in der Welt herum. Hören Sie anderen Menschen genau zu.
- Wenn Sie sich von neuen Entwicklungen abschotten und nur nach alten Regeln und Gewohnheiten leben, verlieren Sie Ihre Flexibilität und Jugend. Ihr Gehirn muss ebenso wie Ihre Muskeln und Organe trainiert werden, um nicht zu verkümmern.
- Erinnern Sie sich an Sokrates weisen Satz: „Ich weiß, dass ich nichts weiß."

Wenn sie offen, interessiert und neugierig bleiben,

- entdecken Sie alles immer wieder neu.
- sind Sie erfolgreich im Umgang mit anderen Menschen.
- entdecken Sie Marktlücken für Ihr Produkt, Ihre Kunst oder Ihre Dienstleistung.
- bleiben Ihr Leben und Ihre Arbeit spannend.
- fühlen Sie sich nicht mehr isoliert, unverstanden und einsam.
- bleiben Sie kreativ.
- trainieren Sie Ihre Lern- und Konzentrationsfähigkeit. Denn wenn Ihr Geist genährt ist, bleiben Sie begeistert.
- versprühen Sie Energie, weil Sie ein Ziel vor Augen haben.
- können Sie stolz auf sich sein, weil Sie bereit sind Neues auszuprobieren. Das stärkt die Selbstachtung.

17 *Nehmen Sie sich Vorbilder als kreative Starthilfe!*

Die Menschen, die Sie bewundern, sind Wegweiser, Spiegel und Orientierungs- oder auch Starthilfen, wenn Sie noch nicht genau wissen, was und wohin Sie wollen. Doch Vorbilder müssen nicht immer positiv ausfallen, auch abschreckende Vorbilder haben ihr Gutes. Entweder zeigen sie Ihnen das, was Sie auf keinen Fall möchten oder Sie erkennen in dem, was Sie bei anderen ablehnen oder verspotten, genau die Charaktereigenschaften, die Ihnen fehlen, um sich ganz und erfolgreich zu fühlen, da Sie diese Wesenszüge in sich selbst bekämpfen. Wenn es plötzlich aus Ihnen herausfährt: „Das ist doch ein ganz großer Egoist!", dann stellt sich die Frage, ob Ihnen dieser Egoist vielleicht anzeigt, dass Sie es dringend nötig hätten, einmal an sich selbst zu denken und vielleicht nur den Mut nicht aufbringen „Nein" zu sagen und sich deshalb dauernd ausgenützt fühlen. Eine peinliche Lektion?! Wenn Sie aber die Größe haben, diese Lektion anzunehmen, dann können Sie kreative Quantensprünge erleben.

Empfehlung:

Beantworten Sie folgende Fragen, um sich über positive Einflüsse bewusst zu werden:

1. Wen bewundern Sie? Wer ist Ihrer Meinung nach kreativ?
   Ob Verwandte, Bekannte, Prominente, Filmstars oder Wissenschaftler – nennen Sie deren Berufe.
2. Schreiben Sie die Antworten auf ein Blatt Papier.
3. Fragen Sie sich nun, was Sie an diesen Menschen bewundern.
4. Welche dieser Qualitäten glauben Sie selbst ganz oder nur ansatzweise zu besitzen?
5. Wer von den erwählten Menschen tut genau das, was Sie gern tun würden?
6. Beantworten Sie die Fragen 1–5 auch im Hinblick auf Ihre Vor-urteile und ziehen Sie Ihre Schlüsse daraus.

18 — Sagen Sie „Ja" zu allem, was ist.

Akzeptieren Sie sich selbst und das Leben so wie es ist.
Sie sind genau am richtigen Ort, zur richtigen Zeit. Alles, was Ihnen widerfährt, ist auf geheimnisvolle Weise dazu da, Sie bewusster werden zu lassen und Sie in Ihre Kraft zu führen. Akzeptanz löst körperliche und mentale Blockaden auf und setzt ein hohes Maß an schöpferischer Energie frei, die Sie ansonst für Ihre Kontrolle und Abwehr vergeuden würden. Ihre Aufgabe ist es nicht, die Dinge oder andere Menschen zu ändern, das blockiert Ihre Energie, denn die Dinge und die Menschen sind wie sie sind. Gleiches zieht Gleiches an. In dem Sie „Ja" zu sich selbst sagen, mit all Ihren Stärken und Schwächen, die nun einmal zu Ihnen gehören, sagen auch die anderen „Ja" zu Ihnen. Wenn Sie sich selbst achten, achten Sie auch die anderen. Mit diesem „Ja" zu sich selbst und anderen haben sie die besten Voraussetzungen für persönlichen und beruflichen Erfolg.

Übung:

1. Legen oder setzen Sie sich mit geschlossenen Augen bequem hin. Gibt es etwas in Ihrem Leben, mit dem Sie sich gerade herumquälen? Versuchen Sie sich auf das Problem und die damit verbunden Gefühle zu konzentrieren und sagen dann, nachdem Sie tief eingeatmet haben, beim Ausatmen bedingungslos „Jahhh" zu dem, was Sie ärgert, stört oder schmerzt und beobachten anschließend, ob sich an Ihrer Stimmung und in Ihrem Körper etwas verändert hat.
2. Wiederholen Sie die Übung, bis sich eine positive Veränderung einstellt.
3. Machen Sie die Übung auch mit anderen Inhalten, mit denen Sie kämpfen und hadern oder die Sie sich selbst und anderen nicht verzeihen. Lassen Sie sich dabei von der Checkliste „Lebensbereiche" auf S. 152 unterstützen.

19. Machen Sie eine Liebesaffäre aus Ihrem Leben. Lieben Sie mehr!

„Der eigentliche Wert einer Sache wird durch die Liebe bestimmt, die man zu ihr hat." *Erika Burkard*

Aus dem bedingungslosen „Ja" zu sich selbst, Ihren Begabungen, Visionen und dem, was Sie zu kreieren sich vorgenommen haben, wächst die Liebe und dehnt sich auf Ihr ganzes Leben aus.

Lieben Sie was auch immer, aber vor allem und zu allererst sich selbst!

Das tönt im ersten Moment sehr egoistisch und ist es auch. Aber Achtung! Wenn hier von Liebe die Rede ist, dann ist damit nicht gemeint, dass Sie nun ganz schrecklich lieb und brav werden sollen und zum scheinheiligen Dulder mutieren. Im Gegenteil. Wahre Liebe kann ganz schön brutal sein. Denn wahre Liebe hat ungeheure Kraft und Ausdauer. Wahre Liebe ist reine Schöpferkraft! Wenn Sie wirklich in Liebe sind, wird man Sie nicht mehr von Ihrem Weg abbringen. Gewiss, man wird Sie einen Egoisten nennen und mit allen Mitteln versuchen, Ihnen ein schlechtes Gewissen einzuflößen. Aber nicht, weil Sie wirklich ein Egoist wären, sondern weil Sie nicht mehr nach der Geige der anderen tanzen. Weil Sie somit nicht mehr kontrollierbar sind und weil man Sie nicht mehr unterdrücken kann. Die wahren Egoisten aber sind diejenigen, die nicht in Liebe sind, sondern dauernd kämpfen: mit sich selbst, dem Nachbarn, dem anderen Geschlecht, mit anderen Nationen und Parteien, dem Wetter und so weiter. Für sie ist nichts so, wie es sein sollte: „Wo kämen wir denn da hin, wenn jeder …" usw. – Sie kennen diese Sprüche.

„Liebe tut weh, weil sie Dein Wesen von Grund auf verwandelt. Jede radikale Wandlung ist schmerzhaft, weil das Alte dem Neuen Platz machen muss" *Osho*

Öffnen und heilen Sie Ihr Herz mit schöner Musik. Zünden Sie nur für Sich selbst eine Kerze an, ganz alleine. Lassen Sie alle Gefühle zu, die dabei hochkommen können. Auch die Tränen.

Lieben Sie die Menschen, die Bäume, die Tiere, die Berge, die Sonne, den Mond und das Meer.

Lieben Sie nicht nur das „Gute", sondern auch das „Böse" und das Böse wird gut.

Lieben Sie Ihren Hass und der Hass verwandelt sich in Liebe.

Lieben Sie Ihre Wut und die Wut wird das Feuer in Ihrem Herzen.

Lieben Sie die Leinwand, an der sie malen, und sie wird Sie zu Ihrem Bild führen.

Lieben Sie den Stein, den Sie behauen, und er wird Ihnen die Form offenbaren.

Lieben Sie das Instrument, das Sie spielen und es wird Ihnen zeigen, wie Sie es berühren und behandeln müssen, damit Ihre Musik erklingt.

Lieben und pflegen Sie die Werkzeuge, mit denen Sie arbeiten, und sie werden Ihnen gehorchen.

Lieben Sie Ihren Computer und der Computer ist auf Ihrer Seite.

Lieben Sie das Geld und das Geld ist auf Ihrer Seite.

Lieben Sie den Erfolg und der Erfolg ist auf Ihrer Seite.

Lieben Sie das Ziel und das Ziel ist auf Ihrer Seite.

Wenn Sie in Liebe mit sich und der Welt sind, werden Sie auch andere Menschen lieben und verstehen können und eine grundlegende Umwandlung auf allen Ebenen Ihres Seins erfahren.

Respektieren Sie die Liebe und Sie werden eines Tages ernten können, was Sie gesät haben.

20. Seien Sie Ihr bester Freund, Ihre beste Freundin.

Beenden Sie das Warten auf die Erlösung von außen. Das Warten darauf, dass irgendjemand kommen und Sie glücklich machen wird. Geben Sie sich selbst alles, was Sie sich von anderen wünschen. Gehen Sie Gott nicht auf die Nerven mit Ihren Bitten und Wehklagen! Behandeln Sie sich selbst so, wie Sie von anderen behandelt werden möchten. Warten Sie nicht mehr bis morgen. Beginnen Sie heute noch: Was für eine kleine Freude könnten Sie sich heute noch machen?

Beispiele:

1. Wenn Ihnen niemand einen geeigneten Job geben kann, erschaffen Sie sich selbst einen. Lieber Eis verkaufen am See, als sich von einem Idioten herumkommandieren zu lassen.
2. Wenn Sie mit Ihrem Chef nicht zufrieden sind, werden Sie Ihr eigener Boss: Machen Sie sich selbstständig.
3. Wenn Sie keinen Verlag für Ihr Buch finden, gründen Sie einen!
4. Wenn Ihr Partner Sie nicht gut behandelt, behandeln Sie sich selbst gut, indem Sie ihn verlassen oder sich zumindest klar und deutlich abgrenzen.
5. Lassen Sie sich nicht auf Vertragsbedingungen ein, die Ihnen nicht gut tun.
6. Sagen Sie nicht „Ja," wenn Sie „Nein" meinen.
7. Verkaufen Sie sich nicht unter dem Preis.
8. Schauen Sie, dass Sie gut schlafen, gesund essen, angenehm sitzen, schön wohnen.
9. Verwöhnen und beschenken Sie sich, und machen Sie sich öfter mal eine Freude. Wie, das wissen Sie selbst am besten.
10. Verabreden Sie ein Rendezvous mit sich selbst: Tragen Sie den Termin in Ihrer Agenda ein oder machen Sie es spontan. Duschen Sie. Ziehen Sie sich schön an. Laden Sie sich ins Kino, zum Essen oder zu einer Schifffahrt ein. Fragen Sie sich selbst: „Was würde mir jetzt Freude bereiten?"

Lassen Sie es sich also einfach verdammt gut gehen und wiederholen Sie hundertmal am Tag:
„Ich bin mein bester Freund, meine beste Freundin!"
„Nur das Beste ist gut genug für mich!"
Worauf warten Sie noch?

21 *Stehen Sie sich nicht selbst im Weg!*

Oft stehen wir uns selbst im Weg und verzichten auf Momente, in denen wir uns Gutes tun, weil uns irgendetwas vermeintlich Wichtigeres dazwischenkommt. Damit verzichten wir aber auch auf die wichtigen Momente, in denen wir uns spüren, in denen wir etwas über uns erfahren und die uns helfen, das zu finden, was wir suchen. Warum gehen wir diesen Momenten mit uns selbst aus dem Weg? Die folgenden Fragen sollen Ihnen helfen, das herauszufinden.

Übung:

1. Worauf warte ich? Schreiben Sie die Antwort auf ein Blatt Papier.
2. Was erwarte ich von meinem besten Freund, meiner Geliebtem, dem idealen Chef?
3. Lesen Sie sich all Ihre Antworten genau durch. Dort steht, was Sie sich ab jetzt alles selber geben sollten.
4. Fragen Sie sich nun: In welchen Bereichen behandle ich mich selbst nicht wie meinen besten Freund? Finden Sie anhand der Checkliste auf Seite 152 heraus, was das in all Ihren Lebensbereichen bedeutet.

22 *Egal ob Mann oder Frau: Verlieben Sie sich in Ihre innere Frau! Verführen und verwöhnen Sie sie!*

Mit der „inneren Frau" ist Ihre Intuition gemeint: Die Einsicht in Zusammenhänge und Erkenntnisgewinnung ohne rationale Schlüsse. Ihre Intuition verschafft Ihnen den Zugang zu allen künstlerischen Bereichen wie Musik, Mode, Tanz, Malerei, Innenarchitektur usw. Außerdem ist sie natürlich auch im sozialen Bereich, im Umgang mit Menschen, in den Geisteswissenschaften und nicht zuletzt in der Forschung unentbehrlich.

Ihr wird häufig die männliche Logik bzw. die männliche Vernunft als Weg der Erkenntnisgewinnung gegenübergestellt. Die weibliche Seite hat hier mit dem Geschlecht allerdings nichts zu tun. Auch wenn die Intuition von Frauen naturbedingt eher genutzt wird, ist sie Männern doch genauso zugänglich. Ein männlicher Künstler ist vielleicht sensibler als eine Frau, die bei einer Bank arbeitet. Wenn hier in der „Kunst zu fliegen" von weiblicher Intuition die Rede ist, geht es nicht um die Frage, was Sie in Ihrem Kopf denken, wollen oder wissen, sondern eher darum, was Sie angesichts Ihres Projekts spüren, fühlen und erahnen, auch wenn Sie es sich nicht erklären können.

Vor allem Männer haben Angst vor der Intuition, da sie nur wahrgenommen wird, wenn Sie Ihren Verstand vorübergehend in den Urlaub schicken und die Kontrolle loslassen.

Stellen Sie sich einen Wünschelrutengänger auf der Suche nach einer Wasserader vor. So etwa fühlt sich Intuition an. Vielleicht suchen Sie ja nicht nach Wasser, aber eben nach Ideen, Inspirationen und Lösungen.

Empfehlungen:

1. Verwöhnen Sie Ihre innere Frau mit schönen Kleidern, Wellness, Blumen, Musik, Kunst, Zärtlichkeiten, Gesprächen bei einem Candlelightdiner, Stoffen, Düften und Menschen mit Einfühlungsvermögen, mit Stil und Charme oder mit was immer sie gerne mag. Fragen Sie sie doch einfach das nächste Mal, wenn Sie alleine mit ihr im Bett liegen.
2. Versöhnen Sie sich mit Ihrer Mutter, auch wenn sie schon tot ist.
3. Trainieren Sie die rechte Gehirnhälfte (sehen Sie dazu Tipp 79).

© Fotolia – Fot...

23 *Benutzen Sie Sex als Jungbrunnen und Inspirationsquelle.*

Sex ist eine hervorragende und lustvolle Methode sowohl für die „Kunst zu Fliegen" als auch für die „Kunst zu landen". Er fördert sowohl die weibliche wie die männliche, die helle und die dunkle, die passiv-rezeptive wie die aggressiv-fordernde Energie. Sex ist deshalb eine sehr schöne Analogie für den kreativen Prozess. Sex löst Verkrampfungen, aufgestaute Gefühle und fördert in hohem Maße Ihre Sinnlichkeit und Lebensfreude.

Nutzen Sie Sex als kreatives Experimentierfeld! Vermeiden Sie Routine und probieren Sie mit Ihrem Partner neue Spielarten aus: Gönnen Sie sich zarte, romantische Stunden mit Massage, Kerzen und Musik oder geben Sie Ihrem Verlangen offensiv nach, indem Sie selbst zupacken oder auch kräftig genommen werden wollen. Ungehemmter Sex ist außerdem ein hervorragendes Transformationsmittel, um unterdrückte Wut, Frust und Ärger in Lebensfreude umzuwandeln. Ein heilvolles Vergnügen zudem, um sich selbst und den Partner als sexuelles Wesen in seiner Ganzheit anzunehmen und zu lieben.

Gönnen Sie sich ruhig auch einmal Sex mit sich alleine, ohne schlechtes Gewissen. Wenn Sie mögen, schauen Sie sich dabei im Spiegel zu. Versuchen Sie es zu genießen, wenn Sie es nicht schon können. Beobachten Sie dabei bewusst Ihre Gedanken und Wertungen, die das nicht wirklich zulassen wollen, etwa tief verwurzelte Glaubenssätze wie „Das macht man nicht!" usw.

Bedenken Sie: Sex ist die unterste Sprosse der Transformationsleiter. Wenn Sie diese erste Sprosse nicht nehmen und zu umgehen versuchen, erreichen Sie nie das Ende der Leiter.

Fragen Sie sich, welche Spielarten Sie einmal ausprobieren möchten, um Ihre sexuellen Bedürfnisse und Phantasien kreativer ausleben zu können.

Ein heisser Tipp: www.skydancingtantra.de

24 *Gehen Sie ins „Kloster"!*

Auch eine Phase der freiwilligen oder unfreiwilligen Enthaltsamkeit kann sich durchaus sehr kreativ auswirken, wenn Sie sich z. B. für einige Zeit von der Außenwelt zurückziehen, um endlich Ihr Buch zu schreiben, in aller Ruhe zu lesen oder um in einem Meditationszentrum oder einem Kloster eine Zeit lang zu fasten und zu meditieren. Mit „Kloster" ist hier nicht nur das äußere Kloster, sondern vor allem der „innere Rückzug" gemeint.
Sie werden staunen, mit welcher Klarheit und Kraft Sie wieder in die Welt zurückkehren, regeneriert und von neuen Ideen inspiriert. Die (sexuelle) Energie bleibt die gleiche, mit dem nicht weniger wirkungsvollen Unterschied, dass sie jetzt nicht nach außen, sondern nach innen wirkt. Achtung: Versuchen Sie jedoch nicht Ihre Sexualität „los zu werden". Die Umwandlung der sexuellen Energie kann man nicht „machen". Was dabei herauskommt, das sehen Sie in dem einschlägigen Klub der scheinheiligen Moralapostel, die alles, was Spass macht, zu verteufeln geneigt sind. Wenn Sie die sexuelle Energie hundertprozentig akzeptieren, ohne sie zwanghaft zu unterdrücken oder ausleben zu müssen, kommt der Moment, wo Sex kein „Problem" mehr ist, sondern einfach, wie alles andere, zum Leben gehört. In der Zwischenzeit genießen Sie das Leben, oder besuchen ein Tantra-Seminar (siehe Tipp 23).

25 *Lassen Sie immer wieder los!*

Auf Grund der Tatsache, dass alles, was einen Anfang auch ein Ende hat, müssen Sie irgendwann einmal die Fähigkeit entwickelt haben, immer wieder loslassen zu können, um im Einklang mit dem, was ist, leben zu können.

Es ist ein schöpferisches Prinzip, dass dort, wo Neues entstehen soll, zuerst Altes zerstört oder losgelassen werden muss. In der Regel glauben wir, dass wir etwas nicht verlieren, wenn wir es festhalten. Doch das Gegenteil ist der Fall: Was ich loslassen kann, kann ich auch nicht verlieren. Das ist das Paradoxe am Leben. Überlegen Sie sich also, an was Sie sich gerade klammern. Das können Menschen, Ideen, Vorstellungen oder Gegenstände sein.

Übungen:

1. Stapeln Sie ein paar weiche Matratzen übereinander und lassen Sie sich dann mit verbunden Augen rückwärts von einem Stuhl nach hinten fallen.
2. Starten Sie eine radikale Entrümpelungsaktion. Trennen Sie sich von allen Dingen, die Sie nicht wirklich brauchen. Sie werden sich wie neugeboren fühlen. Loslassen bedeutet Platz zu schaffen! Energie, die das Material an sich bindet, wird freigesetzt. Fahren Sie zu einer Müllverbrennungsanlage. Dort herrscht immer eine lockere Stimmung. Die Leute scherzen, lachen und reden miteinander, weil es ungemein erleichtert, sich von altem Ballast zu trennen.
3. Hören Sie sich beim Reden zu. An welchen Vorstellungen hängen Sie, wo verteidigen Sie sich, wo wollen Sie Anerkennung erzwingen, wo andere belehren und alles besser wissen? Lassen Sie es einfach los und vergessen Sie's!

Die Fähigkeit loszulassen wächst mit der Erfahrung, dass es etwas Unvergängliches und absolut Verlässliches in Ihnen gibt: Sie können Ihr Leben verändern, indem Sie Ihre Einstellung verändern.

26 *Leben Sie nach dem Sorbas-Prinzip: Machen Sie alles ganz, leidenschaftlich und rückhaltlos!*

Alexis Sorbas ist die Hauptfigur des Romans von Nikos Kazantzakis, der mit Anthony Quinn in der Hauptrolle verfilmt wurde. Sorbas' Lebensmotto „Das Leben lieben und den Tod nicht fürchten" durchzieht als Leitmotiv die ganze Handlung. Es geht um den missglückten Bau einer Kohlemine auf Kreta, um die griechische Seele und darum, wie man im Leben trotz aller Katastrophen Sirtaki tanzen kann. Dem Lebenskünstler Sorbas gelingt es, seinem verkopften, von Zweifeln, Ängsten und der beständigen Suche nach philosophischen Erklärungen geplagten Gegenüber Nikos die Freiheit der Seele zu offenbaren und diese Freiheit auch zu leben.

Warum erhebt sich Sorbas nun am Ende des Films, als die zum Abtransport der Kohle mühsam erbaute Bergbahn zusammenbricht, aus dem Staub der Katastrophe und tanzt, leidenschaftlich, würdevoll? Äußerlich ist er ein Verlierer, aber innerlich geht er als König aus dem Projekt hervor, weil er sich der Sache völlig hingegeben hat. Die Hingabe selbst war Lohn genug. Der Rest war Schicksal. Deshalb nenne ich Sorbas zu Ehren sein Lebensmotto das „Sorbas-Prinzip". Es steht für die Fähigkeit, sich ohne Rücksicht auf Verluste an eine Sache zu verschenken, nicht um irgendetwas zu erreichen, sondern um der Sache selbst willen. Erinnern Sie sich: Der Weg ist das Ziel!

Prüfen Sie sich selbst: Leben Sie in allen Lebensbereichen nach dem Sorbas-Prinzip? Geben Sie alles oder halten Sie bei dem, was Sie zurzeit tun, etwas zurück? Falls ja: Wobei, wo und warum? Beantworten Sie die Fragen anhand der Checklisten „W-Fragen" und „Lebensbereiche" auf Seite 152.

Empfehlungen:

1. Segeln Sie nicht auf Halbmast durch Ihr Leben! Machen Sie alles mit totaler Hingabe und Inbrunst. Auch die Fehler. Ohne Rücksicht auf Verluste. Ohne zurückzuschauen und ohne zermürbendes Selbstmitleid und Reue im Sinne von „Oh, hätte ich doch …!" „Ach, wie dumm von mir!" usw. – Das kommt Ihnen bekannt vor, oder?
2. Lernen Sie Sirtaki tanzen! Viel Spaß!

27 Folgen Sie Ihrer Energie!

Die Begriffe „Intuition" und „Energie" unterscheiden sich meiner Meinung nach wenig voneinander und gehen fließend ineinander über. Die Intuition könnte man als Ihren „Siebten Sinn" bezeichnen. Die Intuition ist die Wünschelrute, die Energie, die Wasserader, die Sie finden.

„Energie" ist dynamischer, mehr ein Impuls, ein konkreter Sog, der Sie in eine bestimmte Richtung zieht. Nach seiner Energie zu gehen bedeutet: Sie Verschieben den Mittelpunkt Ihres Bewusstseins vom Kopf in den Bauch, Sie agieren nicht aus gedanklichen Überlegungen, eingefahrenen Gewohnheiten, sondern ganz aus dem Hier und Jetzt, aus Ihrer Ganzheit und Totalität heraus. Sie erfahren sich dann nicht mehr als isoliert, sondern als Einheit mit dem Ganzen.

Das ist dann der magische Moment, in dem der Tanz und der Tänzer, das Bild und der Maler, das Instrument und der Musiker, eins werden. Sie wissen nie vorher, was als Nächstes kommen wird. Auch wenn der Kopf Ihnen vielleicht das eine sagt, folgen Sie der Energie und machen genau das Gegenteil, denn Sie wissen, dass das das Richtige ist. Verfeinern Sie Ihre Wahrnehmung, bis Sie die Energie sehen, fühlen und spüren können. Sie können das üben. Je kompromissloser Sie sich Ihrer Energie anvertrauen, umso mehr wächst Ihr Vertrauen in die Führung „von oben" oder „von unten".

Experimente:

1. Versuchen Sie einmal in der Begegnung mit Menschen, Räumen, Plätzen, Landschaften nicht über das Objekt Ihrer Betrachtung nachzudenken, sondern es einfach als Schwingung, als Energie wahrzunehmen, es zu fühlen. Fragen Sie sich, welche Energie das Objekt Ihrer Betrachtung für Sie hat – positiv, negativ, anziehend, abstoßend, kalt, warm usw.
2. Laufen Sie, ohne zu wissen wohin und warum, durch eine Stadt, eine Landschaft, einen Wald. Gehen Sie ohne Absicht und Ziel. Seien Sie dabei hellwach, durchlässig, präsent, feinfühlig, verletzlich. Achten Sie auf alle Impulse, Gefühle und Zeichen von innen und außen und lassen Sie sich einfach in die Richtung führen, in der die Energie am stärksten ist. Ohne darüber nachzudenken.
3. Versuchen Sie es in der Disco, auf dem Bahnhof, im Kaufhaus: Welcher Mann/welche Frau zieht mich an? Gehen Sie in diese Richtung. Sie müssen diese Menschen ja nicht ansprechen. Es sei denn, Ihre Energie will es so. Dann tun Sie es!

Üben Sie diese innere Führung auch in Ihrem kreativen Prozess, bis Sie eines Tages die beglückende Erfahrung machen, dass ES malt, ES schreibt, ES Klavier spielt. ES tanzt, ES kocht, ES managt. ES Ski oder Auto fährt. ES liebt. ES aus Ihnen heraus lacht. ES in Einklang mit sich selbst ist.

Wenn das auch nur einmal mit Ihnen geschieht, werden Sie nicht mehr die oder der Gleiche sein! Von diesem Tag an wird Ihr Verstand seine Vorrangstellung verlieren und die des treuen Dieners annehmen.

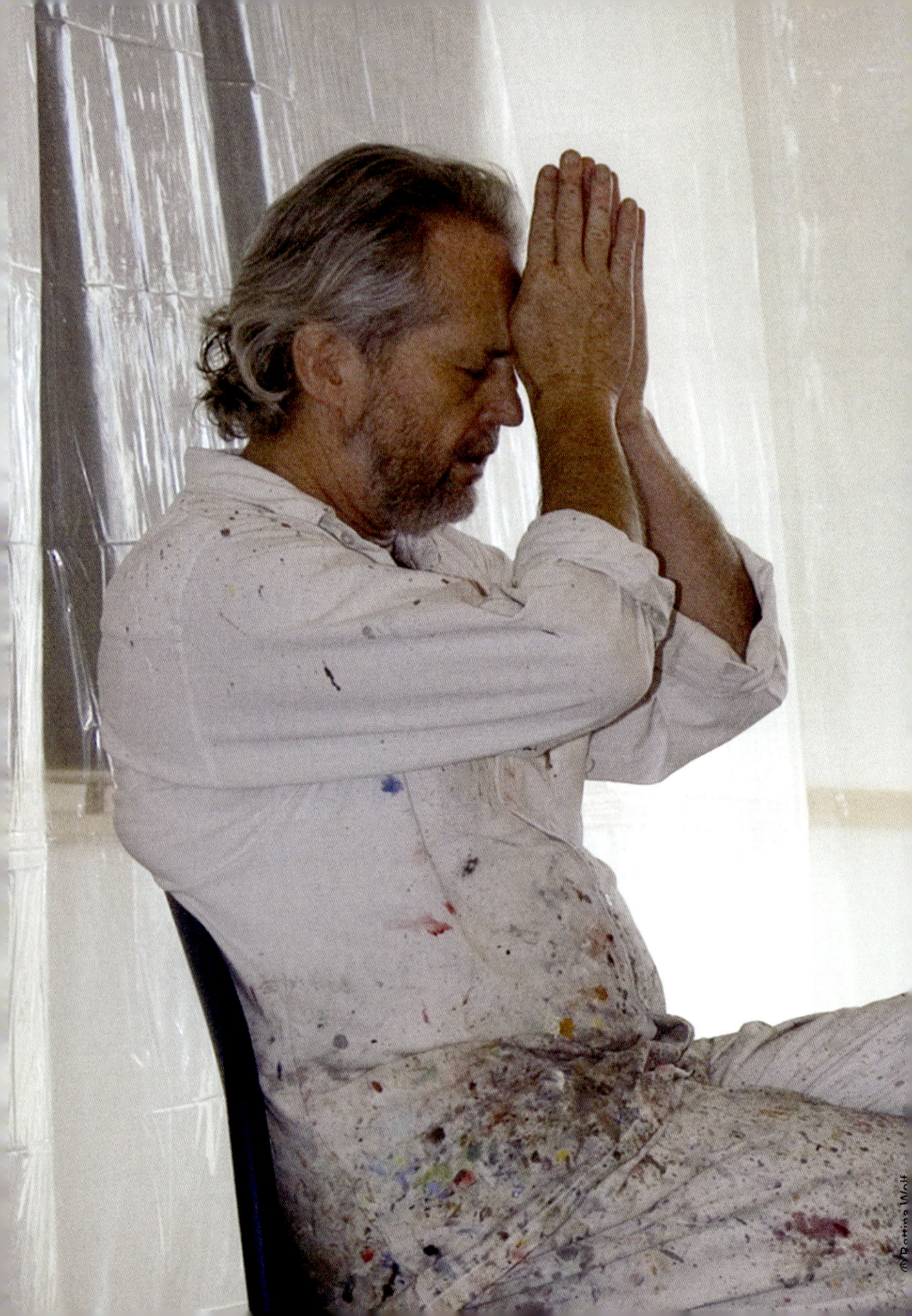

©Bettina Wolf

 Vertrauen Sie der Stimme Ihres Herzens!

> *„Man sieht nur mit dem Herzen gut. Das Wesentliche ist für die Augen unsichtbar."* Antoine de Saint-Exupéry

„Das englische Wort „courage" für Mut ist sehr aufschlussreich. Es stammt von der lateinischen Wurzel „cor" ab, die „Herz" bedeutet. Mutig sein bedeutet also, vom Herzen her zu leben. Nur Schwächlinge leben vom Kopf her. Aus lauter Angst schaffen sie eine Sicherheitszone aus Logik um sich herum." Osho

Das Herz ist die Türe zum Du, zur Liebe, zur Hoffnung.

Das Herz ist äußerst kreativ. Es hat Phantasie und träumt von der Zukunft. Ihr Kopf ist in der Vergangenheit. Er kann über Liebe nachdenken, aber er kann nicht lieben. Aus dem Herzen heraus zu leben braucht Mut, denn es ist ein Weg ins Unbekannte. Sie müssen dabei jede Kontrolle loslassen, den Stolz Ihres Egos überwinden und sich hingeben. Der Dichter, der Musiker, der Komiker, die Heilerin, Verliebte leben vom Herzen her. Das Herz ist ein Spieler. Der Kopf ist ein Geschäftsmann.

Empfehlungen:

1. Merken Sie sich Geburtsdaten von für Sie wichtigen Menschen. Wenn dann der Tag gekommen ist, rufen Sie kurz an, gratulieren Sie, gehen Sie hin mit einem Geschenk, einer Blume oder einer selbst gebastelten, lustigen Überraschung.
2. Schreiben Sie kreative Liebesbriefe mit Dekorationen, Zeichnungen, Duftessenzen auf schönem Papier und schicken Sie diese per Post.
3. Sagen Sie jeden Tag einer Person etwas Positives, Freundliches, ein Wort der Anerkennung.
4. Kuscheln, schmusen und spielen Sie einmal nur mit Ihrem Partner, ohne gleich Sex zu haben.
5. Umarmen Sie einen altehrwürdigen Baum.
6. Helfen Sie einer alten Frau über die Straße.
7. Versöhnen Sie sich mit dem Tod.
8. Kreieren Sie hübsche und originelle Tischdekorationen und Menüs und laden Sie Ihre Lieben und Freunde zum Essen ein.
9. Fragen Sie Ihr Herz, was es sich von Ihnen wünscht und schreiben Sie alles in Ihr Tagebuch.

> *„Wenn wir aufhören, mit den Händen zu sehen, mit den Augen zu riechen, spüren wir nichts mehr mit dem Herzen."* Carmen Aeschbach

Sensibilisieren Sie Ihre Sinne.

Schalten Sie die Antennen Ihrer Wahrnehmung auf Empfang. „Sehen" Sie mit Händen und Ohren, orientieren Sie sich am Geruch, schmecken und kosten Sie süße Brombeeren, riechen Sie Apfelbäume, spüren Sie Gras unter den Füßen. Schmecken Sie den Geschmack auf den Lippen Ihres Geliebten oder Ihrer Geliebten. Auf Ihren Spaziergängen nehmen Sie das Gezwitscher der Vögel wahr, das Rauschen der Blätter, das Rauschen des Baches, den Wind, inhalieren Sie die schöne Landschaft, die Luft, den Duft der Feldblumen. Hören Sie Musik. Zelebrieren Sie alleine oder in der Gruppe eine Degustation. Egal ob Wein, Schokolade oder Olivenöl – kosten Sie mit geschlossenen Augen und bringen Sie das, woran Sie der Geschmack erinnert, in poetischen Worten zum Ausdruck. Lassen Sie die ausgefallensten Assoziationen zu.

Übung:

Die Tune-in-Methode kann Sie bei der Ideenfindung unterstützen. Dabei „schlüpfen" Sie mit all Ihrer Fantasie, Ihren Sinnen und Ihrer Vorstellungskraft in den Gegenstand, den Sie malen, in das Thema, über das Sie schreiben, in die Rolle, die Sie spielen, in das Problem, das Sie lösen wollen, hinein. Stellen Sie sich währenddessen immer wieder die Frage: Was sehe, höre, rieche, schmecke und spüre ich? Genauere Hinweise zu dieser Methode finden Sie in meinem Buch „Der kreative Funke" (ars momentum Kunstverlag).
Stellen Sie sich das Unmögliche vor, um das Mögliche zu erreichen. Pflegen Sie Ihre Phantasie wie Ihren persönlicher Paradiesgarten.
Werden Sie in diesem Garten um Gottes willen nie erwachsen!
Träumen, fabulieren und spielen Sie unbekümmert wie ein Kind.
Stellen Sie sich das Unmögliche vor, um das Mögliche zu erreichen.
Das Unmögliche ist oft auch das Unversuchte.
Seien sie ein Visionär, ein Ver-rückter. Ein vom normalen Denken Abge-rückter. Ein Kreativer ist immer ein Außenseiter, der Welt um Jahre voraus. Erfinden und probieren Sie in Ihrer Phantasie Bilder, Objekte, Häuser, futuristisches Design, Flugzeuge, Maschinen, Shows, Theater, Zirkusnummern, extreme und komische Sportarten. Grenzen existieren nur in Ihrem Kopf. Sie werden feststellen, dass Sie beim Übertreiben immer wieder auf Dinge stoßen, die tatsächlich realisierbar sind und die Sie niemals entdeckt hätten, wenn Sie sich nicht erlaubt hätten, die Zügel der Vernunft vollständig loszulassen.

 30 — *Visualisieren Sie Ihre Träume und Visionen.*

„Je mehr man sich erträumt, desto reicher lebt man." Rudyard Kipling

Zu Beginn des kreativen Prozesses ist es wichtig, sich einen geistigen Freiraum zu schaffen und zu erhalten. Lassen Sie in dieser Phase auf keinen Fall zu, dass sich der Verstand mit seinen vermeintlich „vernünftigen" Urteilen einmischt. Ihn brauchen wir später für die „Kunst des Landens".

Werden Sie also wieder zum Kind im Land der unbegrenzten Möglichkeiten: Träumen Sie! Spinnen Sie, spielen und experimentieren Sie! Wenn andere verständnislos den Kopf schütteln, nehmen Sie das als Kompliment.

Visualisieren Sie Ihr Ziel. Stellen Sie sich alles bildlich und realistisch vor. Werden Sie zu dem, was Sie sich vorstellen oder vorgenommen haben und tränken Sie alles mit intensiven Emotionen. Inszenieren Sie alles im Geiste wie ein Schauspieler oder Filmemacher. Tun Sie so, als ob das, was Sie sich wünschen und vorstellen, schon Wirklichkeit geworden ist. Spielen Sie die Person, die Sie gerne sein möchten und Sie werden zu ihr. Schreiben, zeichnen, malen und recherchieren Sie. Führen Sie ein Tages-Skizzen- und Skribbelbuch. Nutzen Sie all die genialen Gestaltungsprogramme des Computers. Speisen Sie Ihr Unterbewusstsein mit Bildern. Tapezieren Sie Ihre Wände mit Ihren Zeichnungen, Fotos und Plänen. Umgeben Sie sich nur noch mit Menschen, die an Sie glauben, die Sie inspirieren oder die das, was Sie erreichen wollen, bereits verwirklicht haben.

Selbstbefragung:

„Wie würde ein Tag aussehen, wenn ich bereits da wäre, wo ich mir zu sein wünsche? Es ist Morgen, ich stehe auf ..." – schildern Sie anschließend den Ablauf des ganzen imaginären Tages. Oder fragen Sie sich: „Wie würde ein Tag aussehen, wenn ich ein bekannter Kunstmaler, Schriftsteller usw. wäre?"

Weitere Hinweise zur Tune-in-Methode finden Sie in meinem Buch „Der kreative Funke" (ars momentum Kunstverlag).

Damhirschli
Ch und

Das Wort „Inspiration" geht auf das lateinische Verb „spirare" (hauchen, atmen, leben) bzw. das Nomen „spiritus" (Weingeist, Alkohol) zurück. Daraus entwickelte sich das Wort „inspiratio", Einhauchen, Eingebung, Erleuchtung. Das Verb „inspirare" bedeutet letztlich hineinblasen, einhauchen, inspirieren, begeistern, anregen, erleuchten.

Lassen Sie sich also inspirieren: Von Menschen, Büchern, Zeitschriften, von Film und Fernsehen. Von der Natur, von Tieren. Werden Sie nicht zum Fachidioten. Seien Sie offen, damit die Inspiration Sie jederzeit erreichen kann, wenn sie von einer ganz anderen Seite kommt, die scheinbar mit Ihrem Projekt oder Ihrer Idee überhaupt nichts zu tun hat. Mein Bruder entdeckte den Namen, den er für sein neues Unternehmen suchte, ganz unerwartet in der dörflichen Metzgerei auf einem Wurstetikett. Die Technik kann die Kunst genauso inspirieren wie umgekehrt. Ein Geschäftsmann inspiriert einen Tänzer, sich besser zu managen. Ein Architekt inspiriert einen Kunstmaler zur Abstraktion. Eine Hausfrau macht einen Spitzenkoch auf etwas aufmerksam, das er von seinen Kollegen noch nie zu hören bekam. In einer banalen Fernsehserie hörte ich einen sehr tiefsinnigsten Satz: „Es braucht Wachheit, um das Leben zu gestalten." Ich fand den Satz wirklich gut!

Sammeln Sie so viel Material, wie Sie für Ihr Vorhaben brauchen. Wenn sie Ihr Unterbewusstsein erst einmal auf Ihr Projekt programmiert haben, dann zieht es auf magische Weise von überall her Ideen an oder führt sogar zu ganzen Inspirationsketten. Es erscheint unglaublich, wenn man es nicht selbst erlebt hat, ist aber so.

32 *Lernen Sie, mit den Händen zu sehen.*

Lassen Sie aus der Stille heraus Striche fließen, tanzen, atmen bis der Zeichner und der Strich eins werden.

Übung:

Diese Übung können Sie alleine oder zu zweit durchführen. Lassen Sie sich dafür viel Zeit.

1. Halten Sie verschiedene Stifte und ein großes Blatt Papier an der Wand oder am Boden bereit.
2. Hören Sie stimmungsvolle Musik und legen Sie sich hin. Entspannen und atmen Sie. Wenn Sie zu zweit sind, geben Sie sich gegenseitig eine zarte Massage, um sich langsam auf die Ebene des „Spürens" und der intuitiven Wahrnehmung einzustimmen.
3. Nehmen Sie nun in jede Hand einen Stift, schließen Sie die Augen und lassen Sie sich ganz von der Musik durchdringen, sodass die Klänge und der Rhythmus Ihre beiden Hände bewegen und führen. Zeichnen bedeutet hier nicht abzeichnen oder kopieren, sondern loslassen, geschehen lassen. Es bedeutet, sich auf sich selbst einzustimmen. Stellen Sie sich dabei immer wieder die Frage: „Was spüre ich?"

Weitere Übungen finden Sie in dem Buch „Intuitiv Zeichnen – Sehen mit allen Sinnen" von Thomas Lüchinger.

33 *Malen Sie spontan, aus dem Bauch heraus.*

Befestigen Sie ein großes Blatt Papier oder eine Leinwand an eine Wand. Stellen Sie Farben, Pinsel oder Kohlestifte bereit, mehr brauchen Sie nicht.

Stellen Sie sich jetzt vor dem Papier oder der Leinwand auf. Entspannt. Tief atmend. Lassen Sie alles los, was Sie von Kunst zu wissen glauben. Atmen und spüren Sie die Füsse auf dem Boden. Bleiben Sie ganz im Hier und Jetzt und machen Sie sich leer für alles, was jetzt durch Sie geschehen will. Wenn Wut hochkommt, folgen Sie ihr unmittelbar, ohne darüber nachzudenken. Schlagen Sie auf die Leinwand ein, wenn Sie mögen, schreien Sie dazu. Wenn Sie Lust auf Rot haben, fragen Sie nicht warum. Tunken Sie Ihren Pinsel in Rot und folgen Sie Ihrem Bauchgefühl direkt auf die Leinwand. Bleiben Sie im Fluss ohne über das, was Sie tun, nachzudenken. Wenn Sie den Impuls nach feinen Linien verspüren, greifen Sie wie ein Kind nach Ölkreiden oder Kohlestiften und lassen Sie die Linien und Formen über das schon Gemalte oder um das Gemalte herum fließen. Lassen Sie alles zu. Verschwinden Sie in dem, was Sie tun, bis Sie EINS werden mit DEM, was durch Sie geschehen will. Nach dieser Erfahrung werden Sie wissen, was Kreativität ist.

Weitere Anregungen finden Sie in dem Buch „Intuitiv malen – Wege zur Kreativität" von Thomas Lüchinger.

34 *Stellen Sie sich vor, Sie haben drei Millionen Euro gewonnen!*

Was würden Sie tun, wenn Sie plötzlich so viel Geld gewonnen hätten?

Diese Frage bricht den Widerstand Ihres Verstandes, der all Ihre Träume, die ihm zu teuer erscheinen, boykottiert. Bei der Vorstellung, dass Sie jetzt über so viel Geld verfügen, sprudeln Ihre Phantasien und Wünsche wie gestautes Wasser, das durch eine plötzlich geöffnete Schleuse befreit wird, aus Ihnen heraus. Außerdem fördert es Ihr Reichtumsbewustsein.

Bei diesem Trick geht es nicht darum, dass Sie die Dinge, die Sie sich wünschen, auch wirklich besitzen, sondern darum, Ihrer Phantasie Flügel zu verleihen.

Wenn Ihr Traumziel zu teuer ist, finden Sie heraus, wie Sie Ihr Ziel auch ohne Geld erreichen könnten, indem Sie die innere Symbolik Ihres Wunsches erkennen. Sie werden sehen, dass Ihnen der Inhalt letztlich mehr bedeutet als die Form.

35 *Nehmen Sie Kontakt zu Ihrem inneren Kind auf.*

Jeder Mensch hat in sich ein kleines Mädchen oder einen kleinen Jungen. Es ist wichtig, dass wir immer wieder in der Stille die Hand auf unser Herz legen, um der Stimme dieses inneren Kindes zu lauschen.

Was Ihrem erwachsenen Verstand vielleicht als Unfug und Zeitverschwendung erscheint, ist aber für Ihre Kreativität von ungeheurem Nutzen. Denn das Kind steht für Reinheit, Phantasie und Spontaneität und für die Fähigkeit zu spielen. Das innere Kind spricht die Sprache Ihres Herzens. Nehmen Sie Kontakt mit Ihrem inneren Kind auf. Es kann sein, dass es Ihnen hilft, Antworten auf erwachsene Fragen zu finden.

Übung:

1. Schreiben die Frage mit der rechten Hand auf ein Blatt Papier.
2. Schließen Sie die Augen. Nehmen Sie den Schreibstift in die linke Hand. Atmen Sie. Stellen Sie sich jetzt als Kind vor. Gehen Sie zurück, bis Sie wieder das Kind von damals sind.
3. Stellen Sie diesem Kind Ihre Frage und warten Sie solange, bis Sie die Antwort hören oder spüren und mit der kindlichen Hand auf das Papier kritzeln.

Als Linkshänder machen Sie die Übung mit der rechten Hand.

36 Finden Sie heraus, wo das Feuer Ihrer Begeisterung ist.

Wo ein Begeisterter steht, ist der Gipfel der Welt.

Eines sollte Ihnen klar sein: Ohne Begeisterung und Liebe keine Kreativität. Kreativität und Begeisterungsfähigkeit stimulieren sich. Die Begeisterung ist der Treibstoff für Ideen. Sie verleiht Flügel und trägt Sie über Abgründe hinweg.

Hinter dem Satz: „Ich weiß nicht, was ich will" verbirgt sich oft auch die Angst, für etwas zu brennen und sich vor sich selbst und anderen zu verpflichten. Denn wenn Sie brennen, ergeht es Ihnen wie der Kerze. Sie schmelzen. Sie vergehen. Sie sterben.

Aber genau darum geht es.

Sterben müssen Sie ohnehin eines Tages. Finden Sie heraus, was Sie anmacht und wofür Sie brennen, wofür es sich im übertragenen Sinne lohnt „zu sterben".

Genau dort brennt auch das Feuer Ihrer Begeisterung.

Wenn Sie für nichts begeistert sind, vergessen Sie's! Das ist vollkommen o.k. Schmeißen Sie dieses Büchlein in den nächsten Abfalleimer, es würde Sie nur unglücklich machen.

37 *Tanzen Sie aus der Reihe.*
Gehen Sie neue Wege!
Gehen Sie an oder über Ihre Grenzen!

Wer nie über seine Grenzen geht, wird sich nicht kennenlernen!

Hören Sie auf, halbherzig zu leben, nach dem krank machenden Motto: „Das macht ‚man' nicht! Das ist unvernünftig!"

Machen Sie es trotzdem! Einmal etwas ganz anderes, etwas ver-rücktes tun! Das poliert Ihr Charisma, Ihre Lebensfreude und Ihr Selbstwertgefühl ganz erheblich auf.

Gehen Sie in einen Tangokurs, einen Erotik- oder Swingerklub (Ja, warum nicht?) oder nehmen Sie sich eine Geliebte oder einen Geliebten. Sie müssen das ja nicht an die große Glocke hängen. „Fressen" Sie einmal gierig und maßlos, was Sie so wahnsinnig gerne mögen. Fasten Sie dann genauso konsequent. Machen Sie „Bungee jumping" oder Trampolinspringen. Lernen Sie das Instrument, das Sie schon lange gerne spielen wollten. Lernen Sie malen, jonglieren, Tennis, Karate. Planen Sie sich einmal Ihr Traumhaus, auch wenn Sie nicht genügend Geld dazu haben. Vielleicht wird das Haus ja so schön, dass das Geld gerne darin wohnen möchte. Wechseln Sie Ihren Kleidungsstil. Jetzt sind Sie an der Reihe. Welche „ausgeflippte" Idee würde Sie anmachen? Schreiben Sie jede noch so winzige Kleinigkeit auf. Die verrückteste zuerst. Vielleicht ist ja das, was sie am meisten ablehnen, gerade das, was Sie am meisten brauchen, um Spaß zu haben. Tun Sie was! Dann schlafen Ihrem Schutzengel nicht die Füße ein! Dann will auch das andere Geschlecht und wollen Ihre Musen wieder mit Ihnen spielen. Und ganz nebenbei werden Sie ihre Gesellschaft wieder mehr genießen.

38 Lassen Sie Ihre Ideen ruhen, damit Ihr Unterbewusstsein an ihnen arbeiten kann.

Wenn Sie den Teig geknetet, ihn in eine Backform gegeben und in den Ofen geschoben haben, bleibt Ihnen nichts als zu warten. So ist es auch in der sogenannten Inkubationsphase des kreativen Prozesses. Das ist, wenn Sie mit etwas „schwanger gehen", die Phase nach der Zeugung. Nähren Sie Ihren Geist und Ihre Phantasie mit Bildern, Wissen, Material, positiven Emotionen und Gedanken, aber dann: Finger weg! Wenn die Traum- und Visualisierungsphase zu Ende ist, gilt es immer wieder Pausen einzulegen, in denen Sie etwas völlig anderes tun. Spätestens dann, wenn Ihnen nichts mehr in den Sinn kommt. Quälen Sie sich nicht. Stehen Sie auf, verlassen Sie Ihr Büro oder Atelier. Gehen Sie wandern, fahren Sie Rad, trinken Sie ein Bier oder gönnen Sie sich ein Nickerchen. Tun Sie, was auch immer Sie wollen, aber denken Sie nicht mehr an Ihr Projekt. Übergeben Sie das vertrauensvoll dem Herrgott, den Musen oder dem Unterbewusstsein. Dort kümmert man sich darum, und zwar besser, als Sie es je könnten.
Wenn Sie einmal erlebt haben, was in dieser Zeit für Wunder geschehen können, werden Sie diese Phase nicht mehr leichtfertig als Zeitverschwendung abtun.

39 Den kreativen Funken können Sie nicht herstellen – er kommt als Geschenk, wenn Sie ihn am wenigsten erwarten.

Plötzlich fallen Ihnen Eingebungen, Ideen und Lösungen spontan zu. Beim Duschen oder auf der Toilette, an den unmöglichsten Orten und in den komischsten Situationen. Meistens dann, wenn Sie sich nicht mehr einmischen. Selten dort, wo Sie schön brav und fleißig arbeiten und recherchieren in der Annahme, Ideen durch Arbeit, Fleiß und Ehrgeiz erzwingen zu können. Vergessen Sie nicht: Kreative Eingebungen kann man nicht erarbeiten, man kann sie sich höchstens schenken lassen.
Das einzige, was Sie machen können – Sie müssen präsent und wach sein, wenn er kommt: der kreative Funke.

40 Halten Sie Ihre Ideen und Einfälle fest. Folgen Sie ihnen. Ehren und pflegen Sie sie als Geschenke der Schöpferkraft.

Verlassen Sie Ihren Arbeitsplatz nie ohne Diktaphon oder Skizzenblock, wenn Sie gerade mit einem Projekt schwanger gehen. Es kann sein, dass Sie völlig unerwartet von Ideen, Lösungen oder sogar ganzen Inspirationsketten überfallen werden, auf die Sie vielleicht schon sehr lange warten. Es wäre ärgerlich, wenn Sie zu Hause einen originellen Einfall oder die zündende Idee vergessen hätten.

Immer eine Kamera dabei zu haben empfiehlt sich vor allem für gestalterische Berufe. Legen Sie im Computer einen Ordner an, in dem Sie das Bildmaterial zu Ihrem Thema sammeln und ergänzen.

Ich persönlich habe ein altmodisches, aber bewährtes System: Ich zerschneide einseitig bedruckte Papierbogen zu DIN-A6-Notizzetteln und verteile sie im ganzen Haus, lege sie in meine Agenda, neben mein Bett, auf meinen Schreibtisch, in mein Atelier, auf die Toilette, ins Badezimmer und in mein Auto. Wenn mich dann plötzlich eine Idee überfällt, ist immer ein Zettel griffbereit, um die wertvollen Gedanken zu sichern und sie anschließend in einen Karteikasten dem entsprechenden Thema zuzuordnen. Würde ich das nicht tun, wäre die Leitung für neue Einfälle besetzt, weil mein Kopf krampfhaft damit beschäftigt wäre, die Ideen festzuhalten wie ein Hund seinen Knochen. Sobald alles aufgeschrieben oder skizziert ist, entspanne ich mich. Meine Antennen sind wieder offen und frei für neue Gaben des Kosmos, weil ich die Idee gut aufgehoben weiß.

Die Kunst zu landen

Die Kunst zu landen beherrscht der Handwerker in Ihnen. Die Idee ist geboren, nun will sie umgesetzt werden. Ihr Bewusstsein ist jetzt nach außen gerichtet. Sie bringen Ungeformtes in eine Form, Chaos in eine Ordnung. Beim Landen geht es um die Gestaltung, Formgebung, das konkrete, handfeste Umsetzen Ihrer Ideen und Pläne in der harten Realität. Es ist die Ebene der Tat und des verpflichtenden Aufbrechens. Sie treffen eine verbindliche Entscheidung und halten fest, was Sie sich vorgenommen haben. Das Landen ist die Gabe, Ihre persönliche Kraft und all Ihre Energieressourcen, Ihr Fühlen und Denken, Ihr Handwerk und Wissen gezielt und effizient in den Dienst Ihrer Vision zu stellen. Die Realisationsphase ist die Ebene von „Entweder-oder". Die Ebene von Zeit und Raum, in der alles nacheinander, langsamer und Schritt für Schritt geschieht. Die Ausgangslage ist wie auf dem Filmset: Ihre männliche Power ist gefragt.

„Und Action!"

Während Sie beim Fliegen nichts und niemanden brauchen, benötigen Sie beim Landen Geld, Werkzeuge, Vehikel und Leute. Sie suchen Material, Strategien, Landeplätze, Bauplätze, Ateliers und Produktionsstätten.

Wenn Sie sich beim Visualisieren loslassen und sich ausdehnen, ist alles möglich. Beim Landen jedoch halten Sie fest und konzentrieren sich auf ein ganz bestimmtes Ziel. Das Erreichen dieses Ziels verlangt eine starke, vitale Energie und aggressive Durchsetzungskraft. Hier machen Sie sich die Hände schmutzig. Sie treten ins Rampenlicht, werden sichtbar und verletzbar, wohl wissend, dass das Erreichte immer nur ein Kommpromiss sein wird. Denn auf der Ebene der Materie und der Form ist nie alles möglich.

Die Angst vor dem Landen

Die Angst vor dem Landen ist oft noch größer als die Angst vor dem Fliegen. Eine Idee umzusetzen ist der unangenehmere, schmerzlichere und anstrengendere Teil des kreativen Prozesses. Der Weg ist steinig und voller Widerstände. Sie riskieren Ängste, Peinlichkeiten, Widerstände und Anfeindungen. Vielleicht werden Sie verspottet, belächelt oder sogar be-

kämpft. Im Gegensatz zum Fliegen müssen Sie beim Landen Ihre Kraft unter Beweis stellen. Hier gilt nur, was man sieht, das, was Sie tun und nicht wovon Sie reden. Deshalb meiden die meisten Menschen das Umsetzen. Beim Schrillen des Weckers drehen sie sich in ihrem warmen Bett lieber noch einmal zur anderen Seite, um noch ein bisschen weiterzuträumen, anstatt aufzustehen und sich die Hände schmutzig zu machen.

Doch gerade an diesem heiklen Punkt ist es entscheidend für Ihr Selbstbewusstsein, dass Sie die Feuerprobe der Herausforderung bestehen – fluchend, klagend, Zähne knirschend, zitternd. Mit der Angst, TROTZ der Angst! Denn die Angst ist das Tor in die heiligen Hallen der Musen. Erst wenn Sie dieses Tor durchschreiten, sind Sie bereit für die Initiation, für dieses Glück der Selbstüberwindung.

In dem magischen Moment, wo Ihnen etwas gelingt, vereinen sich Geist und Materie, Frau und Mann. Der Träumer wird zum Unternehmer und vergängliches Glück zur göttlichen Ekstase.

Die Tipps für die „Kunst zu landen" können Ihnen Anregungen geben, wie Sie Energie erzeugen, bündeln, nutzen, erneuern und erhalten. Aber eben auch nur, wenn Sie diese Tipps in Ihrem Alltag anwenden.

41 *Erkennen, nutzen und regenerieren Sie Ihre Energieressourcen.*

Um kreativ zu sein, das heißt um Ihr Leben gemäß Ihrer ureigenen Bestimmung und Begabung erschaffen zu können, brauchen Sie Energie. Es ist also lebenswichtig, dass Sie wissen, wie Sie Ihre Energie freisetzen oder eben auch, wie und wo Sie Ihre Energie blockieren.
Es ist gut, wenn Sie wissen, wie Sie funktionieren, dann können Sie leichter die Bedingungen schaffen, in denen Sie gut funktionieren. In der „Kunst zu fliegen" geht es um die inneren, geistig-seelischen Energieressourcen. Sie kennen Ihre Träume und das, was Sie nun tun wollen. In der „Kunst zu landen" setzen Sie Ihre Idee in der trägen Materie um. Das erzeugt Widerstand und deshalb benötigen Sie starke, männliche, nach außen gerichtete Vitalenergie. Wenn Sie nicht gerade geerbt haben oder Ihnen das Glück, ein Lottogewinn oder die Verzweiflung nicht ein wenig nachhelfen, brauchen Sie im wahrsten Sinne „Biss", eine große Frustrationstoleranz und Durchhaltewillen.

42 *Nutzen Sie inneren Druck zum Ausdruck.*

Hindernisse sind wie der Lauf einer Pistole: Sie bündeln die Kraft der Ideen, um ein Ziel zu erreichen.

Achtung! Unzufriedenheit, Wut, Hass und Ärger sind keine Kreativitätskiller und sollten deshalb niemals unterdrückt und heruntergeschluckt werden. Ärger und Sorgen sind ein wunderbares Zeichen dafür, dass in Ihrem Leben etwas nicht mehr stimmt. Sie bergen ein unverzichtbares, kreatives Potential, eben diese vitale, im positiven Sinne aggressive Energie und Schubkraft, um Ihre ersehnten Veränderungen endlich herbeizuführen. Nutzen Sie Wut und Zorn, um sich abzugrenzen und durchzusetzen.

Wut zeigt Ihnen, wo Sie sich unter dem Preis verkaufen. Zorn ist stärker als Angst und Kummer, also können wir beide mit Hilfe des Zorns überwinden, wie das folgende Beispiel zeigt: Der Kettenraucher J. P. Getty suchte nach einer Zigarette. Als er nicht einmal eine Kippe im Aschenbecher fand, machte er sich im strömenden Regen auf den Weg zu einem etwa anderthalb Kilometer entfernten Laden. Plötzlich hielt er wie vom Blitz getroffen inne und schrie: „Was mache ich hier eigentlich?" Er hatte erkannt, wie sehr ihn das Rauchen versklavte. Von kalter, rasender Wut erfasst, drehte er sich um, ging nach Hause und rührte nie mehr eine Zigarette an. Sein Zorn hatte sich in Entschlossenheit umgewandelt.

Übungen:

1. Schlagen Sie mit einem Tennisschläger auf ein Sofa.
2. Schreien und fluchen Sie aus Leibeskräften: im Auto, im Wald.
3. Machen Sie Krafttraining und lassen Sie Ihre Wut und Ihren Frust nicht an ihrem Ehepartner, sondern an diesen Geräten aus. Die Geräte reagieren nicht so empfindlich!

Kreieren Sie weitere Ideen, wie Sie sich Luft verschaffen können. Nutzen Sie Krisen als Sprungbrett für Veränderungen. Krankheit, Krisen und große Schicksalsschläge konfrontieren Sie mit Ihrer Hilflosigkeit und Sterblichkeit. Sie erkennen, dass alles vergeht, auch Sie selbst, Ihr Körper und das, was Sie ICH nennen. Diese Erkenntnis und den damit verbundenen Schmerz anzunehmen und angesichts der Vergänglichkeit loszulassen setzt Energie frei. Sie werden gelassener, mutiger und risikofreudiger. Den Humor, der daraus entspringt, erhalten Sie dann noch gratis mitgeliefert.

© A. Jeanmaire

43 *Verlieben Sie sich in Ihren inneren Mann! Verführen und verwöhnen Sie ihn!*

Vergessen Sie nicht, er ist schließlich Ihr eigener Produzent, Manager und Bodygard!
In der „Kunst zu landen" brauchen Sie eine starke vitale Antriebskraft, Kampfgeist und Leidenschaft. Das heißt Sie brauchen sogenannte „männliche" Qualitäten. Viele KünstlerInnen leiden unter einem Mangel an diesen Qualitäten.
Sie sind sensibel, phantasievoll, begabt und haben vielleicht sogar tolle Ideen, aber sie tun sich schwer damit, diese in der harten Realität umsetzen.
In der geschützten Zurückgezogenheit des Ateliers ist der Künstler ganz Herz, Bauch und Intuition. Draußen im Haifischbecken muss er aber auch Geschäftsmann sein. Dort ist seine „Ware" einerseits Kunst, aber andererseits auch einfach ein Produkt, das es zu produzieren, zu repräsentieren und zu vermarkten gilt. Da geht es um Konkurrenz, Geld und Macht. Dies muss man konsequent trennen, um sich zu schützen und dazu sind diese „männlichen" Qualitäten nötig.
In der Kreativität sollte es sein wie in einer guten Ehe: Beide Seiten helfen sich gegenseitig. Der innere Mann unterstützt die innere Frau. Der Geschäftsmann die Künstlerin. Der Realist die Intuition. Der Handwerker die Idee.

Voraussetzungen:

1. Erkennen Sie, dass Sie beides in sich tragen: den Mann und die Frau.
2. Um den inneren Mann zu entwickeln, schulen Sie Ihr rationales Denken:
   Bilden Sie sich weiter, lesen und schreiben Sie (Tipp 79).
3. Zuallererst arbeiten, arbeiten und produzieren Sie. Es gibt nichts außer Sie tun es. Aus nix wird nix! Präsentieren Sie Ihr Produkt, Ihre Dienstleistung in einer professionellen, ansprechenden Form. Keine falsche Bescheidenheit, denn wenn Sie etwas leisten, dürfen Sie das auch zeigen und stolz auf sich sein.
4. Trainieren Sie Ihren Durchsetzungswillen! Gehen Sie ins Fitnessstudio, betreiben Sie Ausdauer- oder irgendeinen Kampfsport. Setzen Sie Adrenalin frei! Halten Sie sich fit!
5. Stacheln Sie Ihren Kampfgeist an: Schauen Sie sich einen Boxkampf, Action- und Kriegsfilme oder Sendungen an, in denen es um Konkurrenz, Leistung und Sieg geht: Motorrad-und Autorennen, Fußball, Leistungssport, Extremsportarten.
6. Kaufen Sie sich ein Motorrad mit Lederkombi und Stiefeln, und machen Sie einen auf Rocker.
7. Verkehren Sie mit UnternehmerInnen.
8. Besuchen Sie ein Seminar zum Thema „Gründung der eigenen Firma".
9. Vermeiden Sie jede Form von Verbravung.
10. Versöhnen Sie sich mit Ihrem Vater, auch wenn er schon tot ist.

Heute ist es angesagt „cool" zu sein. Oft ist diese Coolness aber höchstens eine Masche der Teilnahmslosigkeit und Angst vor den eigenen Gefühlen und der Reaktion der anderen. Wahre Coolness ist in der eigenen Kraft und dem eigenen Mut begründet. Also keine falsche Bescheidenheit bitte! Wahre Bescheidenheit kommt aus Dankbarkeit und Demut der Schöpferkraft gegenüber und nicht aus Feigheit.

Kommunizieren Sie:

Sobald Sie genau wissen, wer Sie sind und was Sie wollen, setzt das eine ungeheure Energie frei, die sich mitteilen und nach außen hin durchsetzen will. In diesem Moment, vor dem so viele zurückschrecken, werden Sie für alle sichtbar. Sie treten aus Ihrer Anonymität heraus ins Rampenlicht und polarisieren die Geister. Die einen lieben, die anderen hassen Sie! So ist das. Wenn Ihnen das nicht passt, schmeißen Sie dieses Büchlein weg und kehren Sie in die Anonymität zurück! Auch das ist okay.
Spielen Sie nicht nur mit dem Feuer, verbrennen Sie sich die Hände!
Äußern Sie Ihre Meinung. Vor allem auch das, was Ihnen nicht passt. Bringen Sie sich klar zum Ausdruck. Zeigen Sie, wer Sie sind, was Sie wollen und wie Sie es erreichen wollen. Sprechen Sie geeignete Persönlichkeiten mit Einfluss und Beziehungen an. Wenn Sie Geld brauchen, gehen Sie dahin, wo Geld ist.
Geben Sie Ihrer Person ein einmaliges Gesicht!

- Wenn Ihnen das liegt: Kleiden Sie sich so, wie es dem, was Sie kommunizieren wollen, entspricht. Die Mode, Ihr Outfit ist alleine schon ein buntes, kreatives Experimentierfeld. Trauen Sie sich, auch einmal etwas Ausgefallenes anzuziehen. Wenn Sie unsicher sind, machen Sie eine Stil- und Farbberatung mit.
- Treten Sie an die Öffentlichkeit und setzen Sie sich der harten Kritik der Fachleute aus, die Ihr Produkt verkaufen.
- Machen Sie einen schönen Katalog von Ihrem künstlerischen Produkt. Haben Sie den Mut, mit Fotos und Text aus Ihrer Person etwas Besonderes zu machen. Das sind Sie ja auch, wenn Sie kreativ sind. Zeigen Sie Ihre besten Seiten, dann wachsen Sie auch.
- Besuchen Sie ein Verkaufstraining oder einen Rhetorikkurs.
- Wer Angst hat vor Blamage, taugt wenig für kreative Betätigung.
  Blamieren Sie sich ruhig, das macht Sie nur stark.
  Mit einem Satz: Lernen Sie sich zu verkaufen!

Fragen:

1. Wem gegenüber drücke ich mich nicht klar genug aus?
2. Was werde ich dieser Person das nächste Mal sagen?
3. Fühle ich mich wohl in der Öffentlichkeit? Bekenne ich Farbe in meinem Verhalten und in meinem Outfit?
4. Höre ich mir beim Reden zu?
5. Was kann ich tun, um mich besser zu verkaufen?

45 *Wenn Sie es nicht schon tun:*
Beginnen Sie zu schreiben.
Lernen Sie, sich mit Worten auszudrücken.

Genauso wie dem Maler vor der leeren Leinwand oder dem Solisten auf der leeren Bühne geht es beim Schreiben darum, sich mit der Angst vor dem leeren Papier zu konfrontieren. Lassen Sie die Gedanken auf das Papier fließen. Spielen, jonglieren, balancieren und experimentieren Sie mit Worten, bis sie sich zu Sätzen, Aussagen und Bildern ordnen.

1. Schreiben Sie Tagebuch: Das Gedächtnis hat die Tendenz vieles, was geschah, zu vernebeln und zu beschönigen. Beim Nachlesen der Ereignisse und der eigenen Gedanken erkennen Sie, wie es wirklich war.
2. Schreiben Sie einmal mit der linken Hand. Sie werden staunen, wer da plötzlich in Ihnen schreibt.
3. Beim Schreiben zwingen Sie sich nachzudenken und Ihren Kopf zu schulen. Wenn Sie über ein Thema schreiben, müssen Sie recherchieren, analysieren und dabei in die Tiefe gehen. Vieles wird Ihnen dabei über das Thema, über sich selbst und über das Leben klar. Ihr Bewusstsein erweitert sich.
   Beim Schreiben trainieren Sie Ihre linke Gehirnhälfte und lernen, Ihren Gefühlen, Gedanken und inneren Bildern eine Form zu geben. Sie aktivieren aber auch Ihre Imagination und Sinnlichkeit, weil Sie nur lebendig schreiben können, wenn Sie Gedanken, Gefühle, Bilder und Szenen auch wirklich sehen, hören, riechen, schmecken und spüren.
4. Wenn Sie Probleme, Ängste, Konflikte mit Menschen, Wut oder Ärger quälen: Befreien Sie sich durch unkontrolliertes Schreiben von diesen Inhalten. Es wird Ihnen nachher besser gehen.
5. Verfassen Sie einen persönlichen, interessanten und originellen Werbetext über Ihre Person, Ihr Produkt und Ihre Kunst. Kreieren Sie einen Werbeprospekt. Kleben Sie Texte und Bilder zu einem Entwurf zusammen und holen sich bei einer Druckerei ein Angebot ein.
6. Schreiben Sie über spannende, komische, mysteriöse Erlebnisse. Schreiben Sie Ihre Biografie. Verfassen Sie einen Roman, auch wenn Sie das Gefühl haben, dass Sie nicht schreiben können. Gerade dann! Sie lernen das Schreiben, indem Sie schreiben.

Weitere Anregungen finden Sie in dem Buch „Von der Kunst des Schreibens … und der spielerischen Freude, die Worte fließen zu lassen" von Julia Cameron.

© Marcus Lorenz - Fotolia.com

46 Machen Sie sich Ihren Schlachtplan!

Planen, strukturieren, organisieren Sie! Präzise zu planen kostet in der Regel auch nicht mehr Energie als zu hoffen und zu warten.

Übung:

Checken Sie anhand der W-Liste (Seite 152) Ihr Vorhaben noch einmal durch.
Beispiel: Sie möchten ein Haus bauen.

1. Wer baut es? Mache ich es mit einem Architekten oder plane ich es selbst?
2. Wo baue ich? Land, Ort, Grundstück?
3. Wie gehe ich vor? Wie soll das Haus aussehen? Wie teuer darf dieses Haus werden?
4. Wieviele Leute sollen darin wohnen können?
5. Mit welchen Materialien will ich bauen?

Usw.

47 *Setzen Sie jeden Tag, jede Woche einen dieser 99 Tipps in die Praxis um!*

Lassen Sie sich bei der Wahl Ihres Tagestipps von Ihrem Bauchgefühl führen! Tipps, die Sie nur lesen und dabei zustimmend nicken, schaden mehr als sie nützen. Denn wenn Sie genau wissen, was Sie tun sollten, es aber nicht tun, schwächt das Ihr Selbstvertrauen, das Sie zur Umsetzung Ihrer Ziele benötigen.

48 

Setzen Sie Prioritäten und konzentrieren Sie sich auf eine Sache.

Irgendwo habe ich gelesen: „Es gibt viel zu tun. Hauen wir ab!"
Um sich konzentrieren zu können, müssen Sie Prioritäten schaffen. Das setzt voraus, dass Sie zuerst eine Entscheidung treffen und Wichtiges von Unwichtigem trennen. Dies wiederum setzt voraus, dass Sie wissen, was Sie wollen und was nicht. Das wiederum macht Angst, weil es verpflichtet. Gehen Sie diese Verpflichtung ein!
Machen Sie wenig, das aber GANZ und GUT! Nutzen Sie Ihre kostbare Lebenszeit und richten Sie Ihren Fokus auf das Wesentlichste. Denn nur das, was für Sie wesentlich ist, setzt die Energie frei, die Sie benötigen, um sich durchzusetzen, also Freude, Begeisterung, Selbstvertrauen und den über Sieg oder Niederlage entscheidenden Durchhaltewillen.
Leben Sie verbindlich, dann hat Ihr Leben Tiefe, Richtung und Kraft!

Übung:

Schreiben Sie anhand der Checkliste „Lebensbereiche" (Seite 152) Ihre Prioritäten auf.

© H. C. Flemming

49 *Ordnung ist Freiheit.*

Wenn Sie in Ihrer Arbeit mehr suchen als finden, ist das überhaupt nicht lustig. Es stimmt: große Ideen können auch von großen Chaoten geboren werden. Das Suchen sollte jedoch im Dienste des Findens stehen und nicht umgekehrt. Wie steht das bei Ihnen mit der Ordnung? Bei einem Klarinettisten ist das kein Problem, der hat ein kleines Köfferchen und ein paar Noten. Aber wie ist das bei einem Maler, Grafiker, Bildhauer, bei einem Forscher, einem Koch, einem Schreiner oder gar bei einem Unternehmer mit unzähligen Büros und Angestellten? In all den Bereichen, von der Logistik großer Transportunternehmen ganz zu schweigen, bei der es gilt, Unmengen von unterschiedlichem Material zu ordnen und zu organisieren, ist disziplinierte Ordnung unverzichtbar, um das benötigte Material, Werkzeug oder die Unterlagen auch zu finden, wenn man sie dringend braucht. Logisch, oder? Dabei geht es um Effizienz im Umgang mit Energie. Vergeuden Sie dieses kostbare Gut nicht für den Ärger und Frust, weil Sie alles zwei- und dreimal kaufen und erst wieder finden, wenn Sie darüber stolpern.

- Ordnen, sammeln und ergänzen Sie all Ihr Material im Computer, in Ordnern, in stapelbaren Schachteln usw.: Notizen, Noten, Skizzen, Entwürfe, Fotos, Pläne, Prospekte, Zeitungsausschnitte, Anzeigen, Kataloge, Bücher, Broschüren, Dias, DVDs, Videos, die mit Ihrer Arbeit oder Ihrem Projekt in irgendeiner Weise zusammenhängen. Irgendwann einmal werden Sie in Ihrer Sammlung nämlich dank dieser Ordnung genau das finden, was Ihnen zur Vollendung Ihres Puzzles noch gefehlt hat.
- Sammeln und beschriften Sie Ihr Material oder Werkzeug nach Themen, Qualitäten, Farben, Größen, Mengen, Maßen, Daten, Preisen, Prioritäten, Orten, Komponisten, Malern, Galerien, Stilrichtungen usw.
- Richten Sie Ihre Werkstatt, Ihr Atelier oder Büro so ein, dass Sie kurze Arbeitswege und Zugriffe haben. Denken Sie an die Einrichtung einer modernen Zahnarztpraxis.
- Suchen Sie für alles praktische Möbel, stapelbare Gefäße o. ä. Kaufen Sie sich keine Büro- oder Werkstattmöbel, bei denen die Schubladen klemmen, nur weil sie im Ausverkauf ein paar Euros billiger waren.
- Seien Sie Ihr eigener Manager: Was für den Geschäftsmann oder die Geschäftsfrau zum Alltag gehört, sollte gerade auch für KünstlerInnen, die sich oft damit schwer tun, selbstverständlich sein.
- Planen, organisieren, rationalisieren, strukturieren und verwalten Sie Ihre Arbeit selbst. Und noch etwas: Gewährleisten Sie den kontinuierlichen Nachschub an Arbeitsmaterial.
- Checklisten sind dazu da, Arbeitsprozesse, die sich immer wiederholen, auf Abruf sofort und lückenlos in Erinnerung zu rufen. Ein gutes Beispiel ist die bekannte Checkliste auf dem Knie des Piloten vor dem Start. Anstatt sich jedes Mal mühsam das Gleiche wieder von Anfang an in Erinnerung rufen zu müssen mit dem Risiko, das Wichtigste dabei zu vergessen, schreiben Sie es sich auf. Weiterer Vorteil einer Checkliste: Sie können sie verbessern und ergänzen, um immer effizienter arbeiten zu können.

Stellen Sie die ganze Ordnung in den Dienst Ihres kreativen Prozesses, damit Sie im Fluss bleiben, den Überblick behalten und Ihr Geist offen und frei bleibt für das Wesentliche.

PARIS FRANCE
80 Rue de Belleville

50 *Behandeln Sie Ihre Zeit wie einen kostbaren Schatz.*

„Wer unter Zeitdruck leidet, hat bestimmt zu oft Ja gesagt."

Zeitdruck

Erfinden Sie kreative Maßnahmen, um Zeitdruck, Stress und Ablenkungen abzubauen. Es gibt Menschen, die einen gewissen Zeitdruck als Herausforderung und Antriebskraft brauchen, um in Bewegung zu bleiben. Gewiss ist Zeitdruck oft nicht zu verhindern. Wer jedoch ununterbrochen herumrennt, findet selten Zeit, um kreativ zu sein, denn Kreativität entfaltet sich nicht nur im Tun, sondern vor allem im Nichtstun. Nehmen Sie bei der Zeitplanung in Ihrer Agenda die Freiräume genau so ernst wie Ihre Termine. Oft bringt ein Spaziergang mehr Klarheit als ein zielloses Herumstressen, nur um sich das Gefühl zu geben, wahnsinnig fleißig zu sein. Schreiben Sie auf, wann, wo und wie Sie sich neue kreative Freiräume schaffen können. Die Ausrede: „Hab' keine Zeit, bin gerade im Stress" wird oft auch gebraucht, um sich interessant zu machen oder um vor etwas wegzulaufen. Nur ein fremdbestimmter Mensch wird Opfer des Stresses. Ein Schöpfer schafft sich Zeit.

Zeitüberfluss

So sehr Sie kreative Freiräume brauchen, so kann Sie auch das Gefühl, zu viel Zeit zu haben, unnötig blockieren.

Zeitmanagement

Unzählige Bücher und Seminare widmen sich diesem Thema. Es ist erstaunlich: Wenn Sie mit Ihrer Zeit vernünftig haushalten, schaffen Sie ein Mehrfaches mit weniger Energieaufwand.

Übung:

Schlagen Sie jetzt Ihre Agenda auf und tragen Sie Freiräume ein. Erfinden Sie kreative Bezeichnungen wie „Flaniermeile", „Künstlertreff", „Antistress", „Müßiggang" und Sie werden staunen, wie sich Ihre Leistungsfähigkeit steigert, denn während des „Müßiggangs" hat Ihr Unterbewusstes Zeit, die Arbeit für Sie zu übernehmen.

© A. Joanmairo

51 *Schaffen Sie sich Ihren kreativen Raum.*

Die faule Ausrede: „Ich habe keinen Platz" hat hier definitiv keinen Platz.

Das Einrichten und Gestalten Ihres Ateliers, Ihrer Werkstatt oder Ihres Büro ist für sich allein schon eine wunderbare, kreative Herausforderung. Es ist Ihre zweite Haut. Einerseits Rückzugsort, andererseits aber auch Visitenkarte und Schaufenster für Kunden, Freunde und Gäste, wenn Sie Ihr Produkt auch darin ausstellen, schön präsentieren und verkaufen.

Zuerst schaffen Sie sich den inneren Frei-Raum und dann den äußeren. Er ist für Ihre Entfaltung und Ihre Kreativität unbedingt notwendig. Widerstehen Sie dem Teufel, der Ihnen ins Ohr flüstert: "Du bist ein Egoist, wenn du dich so breit machst!"

Sie können und sollen sich breit machen. Seien Sie ein Egoist! Denn bevor Sie an andere denken können, müssen Sie zuerst einmal nur an sich selbst denken. Setzen Sie ein äußeres Zeichen Ihrer Entschlossenheit und Ihre Umgebung beginnt, Sie ernst zu nehmen. Wenn es zu Beginn auch nur ein Tisch in einer Ecke ist, ist es immer noch besser, als wenn Sie sich überall herumgeschubst und höchstens vorübergehend geduldet empfinden. Ihre Expansion stellt vielleicht nicht nur Sie selbst, sondern auch Ihre Partner auf eine harte Probe. Genau an diesem Punkt zeigt sich nämlich, ob die Liebe und Toleranz Ihres Partners echt ist oder nur ein Lippenbekenntnis.

Übung:

Machen Sie folgende Übung in einem großen Raum oder noch besser in freier Natur: Gehen Sie ein paar Schritte, breiten Sie die Arme aus wie ein Adler seine Flügel. Atmen Sie einige Male tief ein und stellen sich jetzt Ihr Ziel bildhaft und realistisch vor, so als wäre es im Hier und Jetzt Realität. Gehen Sie weiter in einer aufrechten und optimistischen Haltung. Halten Sie Ihre Arme weiterhin ausgebreitet, als wollten Sie fliegen. Dann wiederholen Sie mit lauter, bestimmter Stimme: „Ich Marcella (oder Dominique) nehme mir jetzt meinen Raum!"

Bedenken Sie: Alles, dem Sie Energie geben, beginnt zu wachsen, auch Ihr Raum. Erobern Sie sich Ihr Königreich zurück, den Ort, wo Sie alleine und ungestört Ihren Träumen, Visionen, Projekten, Plänen, Studien oder dem Nichtstun nachgehen können. Ein Platz, der nur für Sie und Ihre Selbstentfaltung da ist. Ein magischer Ort, der Sie, sobald Sie ihn betreten, anregt, ermuntert und willkommen heißt. Überall sollten Fotos, Bilder und Gegenstände Sie daran erinnern, wer Sie wirklich sind und was Sie wirklich wollen. In einer Ecke kann, wenn Sie mögen, ein kleiner „Altar" stehen. Darauf stehen allerlei magische Gegenstände: ein Foto von Ihrem Lehrer, einem Freund, einem Autor, ein Foto von einem Baum, Ihrer Partnerin, eine Blume oder ein positiver Leitsatz, zum Beispiel: "Ich, Bernd, habe Erfolg mit allem, was ich unternehme!" Natürlich steht da auch Ihr CD-Player. Denn Musik entspannt, hilft beim Visualisieren, erweitert Ihr Bewusstsein und lockt Ideen, Eingebungen, Spontaneinfälle und Lösungen an.

52

Wenn Sie nicht schon einen haben, dann kaufen Sie sich einen Werkzeugkasten mit allerhand nützlichen Werkzeugen. Die Sammlung wird immer größer und Sie immer geschickter, bis Sie Ihr eigener Reparaturservice sind.

Erfinden Sie kreative, originelle Lösungen dafür, wie Sie alles, was Sie im Fachgeschäft nicht finden oder das nicht nach Ihrem Geschmack ist, selber machen oder gestalten könnten.

Seien Sie Ihr eigener Raumgestalter und Innenarchitekt. Zimmern Sie sich Möbel wie einen originellen Stuhl. Oder entwerfen Sie einen riesigen Arbeitstisch nach Ihrem Gusto. Machen Sie mit einem Maßstablineal (kann man fertig kaufen) einen Plan 1:20, lassen sich zum Beispiel die Holzplatte zuschneiden und das Gestell mit den Tischbeinen vom Schlosser schweißen. Ihre Freunde werden Sie beneiden und weitere Tische bei Ihnen in Auftrag geben. Machen Sie sich die Atelier-, Büro- oder Werkstatteinrichtung selbst, streichen Sie die Wände nach Ihrem Geschmack. Experimentieren Sie mit Stoffen und Materialien. Lassen Sie sich von keinem Handwerker oder Verkäufer etwas aufschwatzen, das nur teuer ist und Ihnen nicht gefällt. Machen Sie eine Zeichnung oder ein Modell, bevor der Gärtner oder der Schreiner kommt.

53 Nutzen Sie die moderne Technik, Werkzeuge und Hilfsmittel, aber Vorsicht: Alle Hilfsmittel sind nur so kreativ wie ihr Benutzer!

In diesem Rahmen ist es unmöglich, auf die unzähligen berufspezifischen Hilfsmittel einzugehen. Hier nur ein paar Beispiele:

- Ohne Computer oder Laptop geht es heute nicht mehr. Sie sind Fluch und Segen zugleich; einzigartige Wundermaschinen für schnelles und effizientes Arbeiten, Gestalten, Ordnen, Schreiben, Sammeln, Variieren, Kombinieren und Löschen. Immer neue Gestaltungsprogramme sind ein wahres Paradies für Kreative.
- Ein Diktiergerät ist immer da einsatzbereit, wo Schreiben nicht möglich ist, um Ideen und Einfälle festzuhalten oder Briefe und Texte zu formulieren.
- Ein Kopiergerät ist für das Büro und die Arbeit an Entwürfen und Collagen sinnvoll.
- Die Digitalkamera ist für Gestalter unerlässlich.
- Ein Handy gewährleistet eine flüssige Kommunikation.

All diese Hilfsmittel sind ein großer Segen und führen sogar zu neuen Ideen. Sie ersetzen aber nicht das sehende Auge, den Verstand, die Hand des Malers und des Töpfers, den Geschmack und das Wissen eines Architekten oder Raumgestalters. Noch weniger die Technik und das Herz eines Musikers. Die Technik sollte im Dienste des Menschen bleiben und nicht als Mittel missbraucht werden, um vor der direkten Begegnung mit dem wirklichen Leben, mit der Natur und den Menschen zu flüchten.

Vereinfachen Sie Ihr Leben bis ins kleinste Detail! Das Motto heißt: Abspecken! Unnötigen Ballast abwerfen! Platz für das Wesentliche schaffen!

Haus, Wohnung, Werkstatt, Atelier, Büro

Schauen Sie sich in Ihrer Wohnung oder an Ihrem Arbeitsplatz einmal ganz genau um. Was möchten Sie an der Inneneinrichtung ändern? Welcher Gegenstand, welches Möbel gefällt Ihnen, worauf könnten Sie verzichten? Bedenken Sie, dass jeder Gegenstand Energie bindet. Gönnen Sie sich den Spaß einer Entrümpelung. Altstoffsammelstellen können großen Spaß machen. Versprechen Sie sich selbst: Für jeden Gegenstand, den Sie anschaffen, werfen Sie einen anderen weg.

Alltägliche Verrichtungen

Vereinfachen Sie all diejenigen Verrichtungen, die jeder Mensch täglich tun muss, ob es ihm passt oder nicht: Aufstehen, joggen, frühstücken, einkaufen, putzen, Versorgung mit Material, Blumen gießen, die Kinder zur Schule bringen, das Auto in die Garage bringen, das Büro aufräumen, Papierkörbe leeren, Überweisungen tätigen, E-Mails beantworten, Telefonate führen etc. Beispiele: Öffnen Sie Ihren E-Mail-Briefkasten nur 2-mal täglich. Verkürzen Sie Ihre Telefonate. Gehen Sie nur mit einer Einkaufsliste einkaufen.

Soziales Umfeld

Überprüfen Sie Ihr gesellschaftliches Leben: Entrümpeln Sie Ihr Leben auch von schlechter Gesellschaft.

Lebensstandard

Leben Sie nicht über Ihre Verhältnisse. Wenn Sie reich sind, dann ist ein Rolls-Royce angemessen, wenn Sie aber Tag und Nacht rackern müssen, um den Kredit abzubezahlen, ist das Ihrer und des Rolls-Royce nicht würdig. Lassen Sie es nicht zu, dass äußere Dinge Ihre Freiheit einengen. Lieber glücklich und frei in einer Zweizimmerwohnung leben, als unglücklich und gefangen eine teure Villa zu bewohnen.
Natürlich steht ihnen als Königin oder König immer ALLES zu: Glück, Freiheit und die Villa mit Rolls-Royce. Nur wenn Sie sich entscheiden müssen, dann wählen Sie immer die Freiheit!

Frage:

Welche Lebensbereiche können Sie vereinfachen? Arbeiten Sie dazu mit der Checkliste „Lebensbereiche" (Seite 152).

55 *Nutzen Sie die Fülle moderner Kreativitätstechniken.*

Eine Kreativitätstechnik sei hier kurz beschrieben, das Brainstorming (Ideenwirbel, Gehirnsturm) von Alex Osborn.

„Storm" heißt „stürmen". Dabei stürmen Sie mit spontanen, unüberlegten Einfällen in Stichwortform los, alleine oder am besten in der Gruppe. Lassen Sie sich von den Ideen anderer stimulieren. Schließen Sie Vernunft und Logik völlig aus. Die Sitzung kann auf Band aufgenommen werden und die Einfälle kombiniert und verwertet werden.

Inzwischen gibt es unzählige Bücher und Seminare zu diesem Thema. Außerdem genügt ein Klick im Internet mit dem Stichwort „Kreativitätstechniken" und Sie sind mitten im Thema.

Mehr dazu erfahren Sie in meinem Buch „Der kreative Funke" (ars momentum Kunstverlag). Eine Übersicht über alle Kreativitätstechniken bietet der Titel „Kreativität – Das Handbuch für die Praxis" von Victor Scheitlin.

56 *Wichtig! Perfektionieren Sie Ihr Handwerk.*

Die beste Idee, das erhabenste Gefühl, die edelste Absicht, die größte Erkenntnis und die schönste Vorstellung bleiben im Netz des Feinstofflichen hängen, wenn Sie nicht über ein perfektes Handwerk verfügen, das Sie dazu befähigt, das kostbare geistige Gut zu materialisieren oder – einfach gesagt – sichtbar, hörbar und greifbar zu machen: Erst wenn ein Saxophonist die Tonleitern vergisst, kann der Blues durch ihn hindurchfließen. Ohne eine perfekte Atemtechnik ist es einem Opernsänger nicht möglich, mit seiner Stimme die hintersten Reihen zu erreichen. Erst nach jahrelangem, geduldigen Üben ist es dem Töpfer möglich, seinen Ton auf der Scheibe zu zentrieren. Eine profunde Materialkenntnis ist im wahrsten Sinne des Wortes das Fundament eines guten Architekten.

Selbstverständlich vermag auch ein perfektes Handwerk keine Kunst zu schaffen und sollte deshalb nicht im Vordergrund stehen, was es aber genau dann immer tut, wenn es zu wenig ausgebildet und automatisiert wird. Ein schlechtes Handwerk steht nicht dienend im Hintergrund, sondern als frustrierendes Hindernis im Vordergrund. Zwischen dem, was ein Künstler erreichen möchte und dem, was er fähig ist zu tun, klafft manchmal die schmerzliche Wunde des Mangels.

Üben Sie, trainieren Sie, arbeiten Sie. Stunden, Tage, Jahre. Wenn Sie in Ihrer Bestimmung sind, bleibt Ihnen sowieso nichts anderes übrig. Dann ist Arbeit Ihr Leben und Sie haben dabei nicht einmal das Gefühl zu arbeiten. Sie vergessen Ferien zu buchen, weil Sie ja bereits im Urlaub sind.

Seien Sie ruhig ehrgeizig. Streben Sie nach Perfektion, Bildung und Wissen und versuchen Sie, der Beste/die Beste in Ihrem Fach zu sein. Kultivieren Sie Perfektion aber letztlich nicht als Selbstzweck und Egotrip, sondern als Mittel zum Zweck, um sich vom Handwerk zu befreien. Das, was dann geschieht, ist die Einheit zwischen dem, was Sie ausdrücken wollen und dem, was man sieht.

Frage:

Was könnten Sie tun, um Ihr (Kunst-)Handwerk und Wissen zu verbessern?

Schlagen Sie Kapital aus kleinen Schritten.

Memo:

Beim Umsetzen befinden Sie sich auf der Ebene von Zeit und Raum. Beim Fliegen ist alles miteinander, beim Landen jedoch nur nacheinander möglich. Da beginnt jede Wanderung mit dem ersten Schritt.

Der Bau jedes Hauses beginnt mit dem Aushub, erst dann setzt man die Schalung für den Keller. Es folgt das Mauerwerk für das erste, anschließend für das zweite Stockwerk und erst auf dieser Basis folgen schließlich Dach, Fahne, Richtfest und Schampus.

Wenn Sie Ihr Ziel klar erkennen und verinnerlicht haben, lassen Sie es aus den Augen. Oft entmutigen wir uns unnötig, wenn wir dauernd an all die Missgeschicke denken, die uns auf dem Weg der Selbstverwirklichung passieren könnten. Stellen Sie sich vor, Sie stehen vor einer Schwindel erregend hohen Leiter, deren letzte Sprosse Sie kaum mehr erkennen. In diesem Falle ist es ratsam, dass Sie beim Hochsteigen immer nur die Sprosse beachten, die sich gerade vor Ihnen befindet.

Wenden Sie diese Technik ebenfalls bei der Verwirklichung Ihrer Ziele an.

Ein kleiner Schritt ist auch ein Schritt. Ein Schritt zurück ist auch ein Schritt. Kleine Schritte erzeugen kleine Erfolge und Bestätigungen. Diese wiederum nähren Ihr Selbstvertrauen, beleben Ihre Begeisterung, regenerieren Ihre Vitalität und Ihre Energieressourcen.

Empfehlung:

Teilen Sie Ihr Ziel in Teilziele ein und fixieren Sie dafür Termine.

58 Konzentrieren Sie sich auf eine Sache.

Übung:

1. Suchen Sie sich einen schönen, kleinen Gegenstand, zu dem Sie eine Beziehung haben:
   eine Figur, ein Glas, eine Vase, eine Schale, ein Erinnerungsstück, was auch immer.
2. Machen Sie die Übung stehend. Atmen Sie tief ein und kommen Sie beim Ausatmen ganz
   in die Gegenwart. Fühlen Sie Ihren Körper, Ihre Füße, die den Boden berühren.
3. Ergreifen Sie jetzt beim Ausatmen langsam, bewusst und liebevoll Ihr Objekt, als hielten
   Sie das kostbarste, teuerste Gut der Welt in Ihrer Hand.
   Atmen Sie!
4. Betrachten Sie den Gegenstand in Hingabe, ohne über ihn nachzudenken, so als gäbe es
   im Moment nur Sie und Ihr Objekt. Wenn Sie sich wieder im Kopf befinden: Atmen Sie tief
   und holen Sie sich ins Hier und Jetzt zum Objekt zurück.
5. Gehen Sie jetzt sehr langsam und bewusst ein paar Schritte. Setzen Sie behutsam einen
   Fuß vor den anderen und konzentrieren Sie sich dabei auf den Gegenstand in Ihren Händen.
6. Kehren Sie nun wieder Schritt für Schritt an den Ort zurück, wo Sie Ihren Gegenstand (aus-
   atmend) hinlegen möchten.

Schön ist diese Übung auch zu zweit, wenn Sie einander gegenübersitzen und den Gegenstand im Zeitlupentempo liebevoll und bewusst untereinander austauschen und sich dabei
immer nur auf das Objekt konzentrieren.
Wenn Sie die Übung voller Hingabe machen, wissen Sie, was Konzentration, Hingabe und
die Liebe zu einer Sache ist.
Die Bedeutung einer Sache oder einer Tätigkeit wird nur durch den Wert, den Sie ihr bei-
messen, bestimmt. Übertragen Sie diese Erfahrung auf alle Lebensbereiche: auf Ihr Projekt,
Ihre Kunst, Ihr (Kunst-)Handwerk, auf Ihr Instrument, Ihr Werkzeug, Ihre Kunden, Ihren Liebhaber, Ihre Geliebte, auf den Umgang mit sich selbst und anderen, auf Pflanzen und Tiere.

59 *Legen Sie immer wieder Pausen ein.*

Ein weiteres Geheimnis in der Technik der kleinen Schritte sind die regelmäßigen, heilvollen Pausen, welche leider sträflich vernachlässigt werden. Auf Grund der polaren Beschaffenheit der Schöpferkraft können Sie nicht nur arbeiten und einatmen, Sie müssen auch ruhen und ausatmen.

Da jedoch unser Ego und unser Verstand die Tendenz haben, alles kontrollieren zu wollen, neigen wir dazu, uns zum Weitermachen zu zwingen. Wir wollen im wahrsten Sinne mit dem Kopf durch die Wand, wo wir doch entspannt durch die Türe gehen könnten. Dann meldet sich das beleidigte und frustrierte Ego von seiner schlechtesten Seite und wir gleichen einem Hund, der sich an einem Knochen „verbissen" hat und ihn nicht mehr hergibt.

Kommt Ihnen das bekannt vor? Okay!

- Erkennen Sie die Momente, in denen Sie die Musen definitiv frühzeitig verlassen haben.
- Sagen Sie OK zu Ihrem Kreativstau: „Wenn Ihr nicht wollt, dann wollt Ihr eben nicht."
- Quälen Sie sich nicht zu lange mit Problemen herum, die nur durch Loslassen gelöst werden können.
- Schalten Sie deshalb regelmäßig kurze oder längere Pausen ein, in denen Sie alles Mögliche tun, nur eines auf keinen Fall: Etwas, das in irgendeiner Weise mit Ihrem Thema, Ihrer Aufgabe oder Ihrem Projekt zu tun hat.

Sie haben sicher schon diese erstaunliche Erfahrung gemacht: Sie kehren an Ihren Schreibtisch, in Ihr Atelier oder Ihr Büro zurück und noch bevor Sie weitermachen, sehen Sie genau, wie Sie weitermachen müssen: Sie sehen die Idee für Ihre Illustration, Sie kennen die Lösung Ihres Problems oder die Formulierung eines Satzes. Oder plötzlich, mitten im Arbeitsprozess, geschehen kleine und manchmal sogar große Wunder. Dann, wenn sich auf mysteriöse, unerklärliche Weise plötzlich alles zu einem Ganzen formt, ordnet und fügt. Es ist diese Erfahrung, die unsere Einstellung zur Kreativität nachhaltig verändert: Wir können die „großen Würfe" im Grunde nicht „machen", aber sie können uns in diesen wichtigen, kleinen Pausen zufallen, wenn wir abfallen.

60 *Haben Sie den Mut Fehler zu machen.*

Der Mut Produkte zu verwerfen, ohne sich entmutigen zu lassen, ist eines der tiefsten Geheimnisse des schöpferischen Menschen. Enttäuschungen werden vom ihm als End-Täuschung aufgefasst, als das Ende der Täuschung und als Erweiterung der Einsicht. Durch jedes Misslingen einer Handlung erspart man es sich künftig, einen falschen Schritt zu tun.
Bedenken Sie, dass Sie nur aus Fehlern lernen. Sie wachsen und reifen wie die natürliche Evolution seit Jahrtausenden an Versuch und Irrtum. Leben Sie nicht nach dem Motto: „Was könnten die anderen denken?" Wie wollen Sie etwas richtig machen, wenn Sie nicht wissen, wie es nicht funktioniert. Letztlich ist es sowieso unmöglich, etwas richtig oder falsch zu machen. Dafür sind die vom menschlichen Verstand geschaffenen Moral- und Wertmaßstäbe im wahrsten Sinne des Wortes Not-wendig. Erst diese Moralvorstellungen verursachen Angst. Das Leben selbst, die Natur, trennt nicht in richtig und falsch.
Also: Grübeln Sie nicht stundenlang über das Wesen des Wassers nach, wenn Sie die Antwort nur durch den Sprung ins kalte Becken herausfinden können. Der Mut sich Blößen zu geben und vor sich selbst und anderen als Versager dazustehen ist wie ein Muskel: Er will trainiert sein.
Lernen Sie von Fehlern, aber machen Sie sie nicht zweimal!
Erinnern Sie sich an Momente, in denen Sie aus Fehlern gelernt haben? Notieren Sie sie!

Übung:

Probieren Sie jetzt gleich etwas aus: Führen Sie ein heikles Gespräch, schreiben Sie einen unangenehmen Brief.
In dem Buch „Mut – Lebe wild und gefährlich" von Osho finden Sie weitere Anregungen.

61 *Wer ernten will, muss sähen.*

Der Klassiker unter den Redewendungen basiert auf dem Gesetz von Ursache und Wirkung. Wenn Sie dieses Gesetz erkennen und respektieren, schaffen Sie eine gute Voraussetzung für Geduld und Demut.

Wenn ein Bauer von seinem eigenen Weizen träumt, muss er zuerst den Boden für die Saat bearbeiten, bevor er säen kann. Nach der Saat folgt eine lange Periode des Wartens. Gewitter und Trockenperioden können alles zerstören, bis dass er an einem strahlenden Sommertag endlich ernten kann, was er gesät hat. Ohne seinen Einsatz, ohne das Warten und Bangen wäre seine Freude und Dankbarkeit nicht so groß. Er weiß um den Wert seiner Ernte.

Stellen Sie sich den Konzertpianisten vor. Wie viele Jahre der Entbehrungen und des unermüdlichen Übens mögen da wohl vergangen sein bis zu dem feierlichen Moment, wenn er sich unter dem tosenden Applaus seines begeisterten Publikums verneigt? Die Verwirklichung eines Traumes braucht seiner Größe entsprechende Investitionen: Energie, Zeit, Geld, Disziplin, Ausdauer und Geduld.

Fragen:

1. Was möchten Sie eines Tages ernten? In welchen Bereichen möchten Sie erfolgreich sein?
2. Haben Sie etwas zu geben? Wenn ja, was?
3. Geben Sie alles? Was halten Sie zurück?
4. In welchen Bereichen ernten Sie nicht das, was Sie sich wünschen? Schauen Sie genau hin.

62 *Just do it!*

„Alle duschen aus Leibeskräften anstatt zu springen."

H. C. Flemming, Freund von A. Jeanmaire

Die Weisheit des Handelns und Nichthandelns: Tun Sie es oder lassen Sie es! Beides ist OK. Mit beidem leben Sie in Frieden, wenn Sie mit Ihrer Entscheidung im Einklang sind.

Am schlimmsten ist es, wenn sie ES zwar „eigentlich" tun möchten, dann aber „eigentlich" doch nicht tun. Dieses Hü und Hott blockiert Ihre Energie, raubt Ihnen den Schlaf und das Geld für den Psychologen.

Osho hat gesagt: „Die meisten Menschen proben ein Leben lang und die Hauptvorstellung kommt nie."

Setzen Sie Ihre Ideen und Visionen um. Jetzt!

Handeln Sie anstatt nur zu reden! Jetzt!

Machen Sie sich die Hände schmutzig! Jetzt!

Wann denn sonst? Wo gehobelt wird, fallen die Späne!

Wenn Sie das nächste Mal an einem Acker vorbeigehen, knien Sie sich nieder, krempeln Sie Ihre Ärmel hoch und graben Sie mit beiden Händen tief in der Erde. Buddeln Sie aus Leibeskräften ein Loch, ganz wie ein Hund. Genau das ist Kreativität. Sie buddeln Löcher im Namen eines Traumes oder einer Vision und machen sich dabei die Hände schmutzig.

Buddeln Sie, schreiben, springen, reden, malen, töpfern, bauen, weinen und lachen Sie! Auch wenn Sie auf die Nase fallen, stehen Sie immer wieder auf! Denn wenn alles, was nicht funktioniert, ausprobiert ist, bleibt nur noch das, was funktioniert. Sie können Ihren Weg nur herausfinden, wenn Sie ihn gehen und nicht , indem Sie über ihn nachdenken.

Übung:

Stehen Sie jetzt auf und erledigen Sie etwas, das Sie schon lange aufgeschoben haben.

63 *No risk – no fun!*

„Wer etwas wagt, riskiert etwas; wer nichts wagt, riskiert mehr."

Gottlieb Guntern

Verlassen Sie Ihre Komfortzone! Wenn Sie in Ihrem Haus alle Fenster verschließen aus lauter Angst, dass Ihre Möbel an der Sonne verbleichen oder dass Einbrecher Sie bestehlen könnten, fühlen Sie sich vielleicht sicher und geborgen, aber Sie sitzen im Dunkeln ohne Licht und Leben.

Ohne Licht gibt es aber keine Lichtblitze, keine Inspiration, kein Leben.

Sicher zu leben heißt gar nicht zu leben.

Gehen Sie Risiken ein. Ängstigen Sie sich lieber auf dem Weg zu sich selbst anstatt auf dem Weg von sich weg. Die erste Angst ist kreativ, die zweite hoffnungslos destruktiv. Sie können das Unbekannte nicht entdecken, bevor Sie nicht den Mut haben, ihm ins Auge zu sehen. Verwechseln sie dabei allerdings nicht Mut mit Dummheit. Angst kann Ihnen sagen, was Sie tun, aber auch, was Sie lassen sollten. Fragen Sie sich, was das Schlimmste sein könnte, das Ihnen bei Ihrem Unterfangen passieren könnte.

Wenn Sie ehrlich sind, haben Sie keine Wahl: Entweder Sie riskieren etwas oder alles bleibt beim Alten. Es gibt keinen spannenden Krimi, kein Drama, kein aufregendes Leben ohne Angst, Konflikt und Risiko. Der ganze Sinn unseres Lebens darin besteht, dass wir immer wieder an unsere Grenzen gehen, um über sie hinaus zu wachsen, um größer und schöpferischer zu werden.

Übungen:

1. Sprechen Sie eine fremde Person an, die Ihnen sympathisch ist.
2. Wenn Sie Höhenangst haben, besteigen Sie einen Aussichtsturm und gehen Sie so nahe an die Brüstung wie Sie es aushalten, fahren Sie Achterbahn oder buchen Sie einen Fallschirmabsprung; wenn Sie ganz verrückt sind, machen Sie „bungee jumping".

Fragen:

Wovor haben Sie Angst, das Sie aber gerne einmal machen würden?

Beginnen Sie mit kleinen, einfachen Dingen und steigern Sie dann das Risiko. Es muss ja nicht gerade lebensgefährlich sein.

Was ist oder wäre das größte Risiko?

Beantworten Sie diese Frage für alle Lebensbereiche unter Zuhilfenahme der Checkliste auf Seite 152.

64

Gönnen Sie sich ein paar Feinde.

Das größte Gift für die eigene schöpferische Entfaltung und Kreativität ist die tief sitzende Angst vor der Meinung der Verwandtschaft, des Partners und anderer Leute bzw. der „Gesellschaft". Es ist sehr interessant, dass wir die Meinung anderer wichtiger nehmen als unsere heiligsten Absichten. Was steckt hinter diesem Fluch? Wir alle werden dazu erzogen uns anzupassen – an die Eltern, die Lehrer, die Priester, die Partei. Wir werden mehr zu einem stapelbaren Kollektiv mit einer Passnummer anstatt zu einem einmaligen Individuum mit dem Recht auf Selbstbestimmung erzogen. Keiner sagt dir: „Höre zuerst auf dein Herz und vergiss die gut gemeinten Ratschläge der anderen!" Das hat zur Folge, dass wir das Vertrauen in das Leben und in uns selbst verlieren. Die Nadel in unserem inneren Kompass verrostet, sodass wir mitten im Leben nicht mehr wissen, wer wir sind und wohin wir gehen.
Fürchten Sie sich nicht vor der Meinung anderer Leute. Meinungen gibt es so viele wie Arschlöcher: Jeder hat eines. Pardon! Ist mir nur gerade eingefallen.
Meinungen sind meistens einfach nachgeplapperte Informationen aus den Medien. Sie sind kollektiv, nicht individuell und originell. Meinungen sind allesamt geprägt durch die Person, die eine hat: durch deren Erziehung, Bildung, Erfahrungen, persönliche Vorlieben und davon, ob Sie einer Person symphatisch sind oder eben nicht. Sie sind also subjektiv. Das heißt sie sagen mehr über die Person aus, die eine bestimmte Meinung äußert als über das, was sie beinhaltet.
Wenn Sie nicht einen Freund oder eine Fachperson ausdrücklich um ihre Meinung bitten, dann lassen Sie sich nicht allzu sehr von der Meinung anderer Leute beeinflussen.
Nehmen Sie also nicht alles allzu persönlich, sonst sind Sie fremdbestimmt.
Es erstaunt nicht, dass die Angst uns Feinde zu schaffen oft noch größer ist als die Angst, uns nicht durchsetzen zu können. Denn wenn Feinde unsere Brotgeber und Partner sind, dann geht es ans Eingemachte. Dann kommt nämlich noch der Überlebenstrieb mit ins Spiel.
Sie sehen, all diese Widerstände hat sich das Leben für Sie ausgedacht, um Ihre Durchsetzungskraft und Integrität zu stärken.
Jedes Mal, wenn Sie sich entscheiden, lieber einen Feind zu haben als sich selbst zu verleugnen, werden Sie einen ungeheuren Wachstumsschub erleben. Ihr Selbstbewusstsein wird Quantensprünge machen! Nichts im Leben ist es wert, dass Sie Ihre Selbstachtung und Würde hingeben, nur um „geliebt" zu werden. Wollen Sie von jemandem geliebt werden, der Sie hasst, wenn Sie nicht machen oder denken, was er oder sie für richtig hält? Was bitte soll das für eine Liebe sein? Machen Sie sich nichts draus, wenn Sie einen oder zwei Feinde haben. Vielleicht zeigt Ihnen das ja nur, dass Sie etwas richtig machen.

65 Haben Sie keine Angst vor der Angst.

Angst ist kein Kreativitätskiller. Sie ist nicht Ihr Feind, sondern Ihr Freund. Sie ist ein Wegweiser zum Abenteuer. Sie zeigt Ihnen nur, wo reale und eingebildete Grenzen sind. Die Grenzen sind da, um von Ihnen respektiert oder dann überwunden zu werden.

In der Meditation oder wenn Sie einfach genau beobachten, besteht Angst meistens nur aus Gedanken, Projektionen, negativen Erfahrungen und Vorstellungen in Ihrem Kopf. Sie ist nur eingebildet. Die Horrorszenarien zeigen Ihnen lediglich das, was geschehen könnte, aber nicht das, was tatsächlich sein wird. Wenn Sie diese Feststellung immer wieder machen, dann schwindet zwar nicht die Angst, dafür aber die Angst vor der Angst.

Wenn sich nicht gerade eine giftige Schlange züngelnd vor Ihnen aufbäumt oder ein hungriger Löwe im Busch auf Sie lauert, gehen Sie also dahin, wo die Angst ist oder zumindest in ihre Nähe. Sie wachsen am Widerstand, erweitern Ihr Selbstbewusstsein und Ihr Leben wird ein Abenteuer – aufregend, weit und reich.

Beispiele:

M. D. hatte Angst von einer größeren Menschenmenge zu reden, was seine Funktion als Chef
jedoch erforderte. Er fasste sich ein Herz und hielt seine erste Präsentation mit zittrigen Knien
und Schweiß auf der Stirn. Heute macht er das leicht und spielerisch, wohl wissend, dass ihm
die Konfrontation mit der Angst half, gerade diese zu überwinden. Oft ist gerade das Problem
selbst die Lösung. Kennen wir, aber es muss an dieser Stelle noch einmal erwähnt werden.
Nehmen Sie die Angst mit auf Ihre Reise wie einen guten Freund.
Das ist sie nämlich tatsächlich, wenn Sie sie wirklich akzeptieren. Denken Sie einmal an einen
Romanschriftsteller – was macht der? Er sucht geradezu nach Konflikten, nach Spannung, um
dem Leser Angst zu machen. Angst ist das, was eine wirklich spannende Geschichte oder ein
aufregendes Leben ausmacht. Ängste und Widerstände sind Wachstumschancen.
Wie ein Muskel beim Athleten, so wächst auch Ihr Wille, Ihre Durchsetzungskraft und Ihr
Selbstvertrauen am Widerstand. Ihre menschliche Reife wächst wie ein Baum. Durch Regen,
Hitze, Wind und Kälte entwickelt er einen kräftigen, unerschütterlichen Stamm, der allen Widerständen trotzt.

Keine Angst vor den Kellerkindern

In der Stille oder der Meditation begegnen Sie nicht nur Engeln und Sie hören nicht nur Har-
fenklänge. Wenn in der Stille die Unter-haltung keinen Halt mehr bietet, melden sich die Kel-
lerkinder. Das sind die Gestalten, die Sie tief in den Keller Ihres Unterbewusstseins gesperrt
haben.

Übung:

Legen Sie sich hin und schließen Sie die Augen. Stellen Sie sich vor, Sie sind ein Haus. Steigen Sie jetzt die Treppe hinunter in den Keller. Da sind alte morsche Türen. Schauen Sie sich
die Aufschriften an. Öffnen Sie nacheinander alle Türen. Erkennen Sie, welche abgelehnten
Ängste, Gefühle oder Erfahrungen, von denen Sie nichts mehr wissen wollen, Sie in diesen
Räumen eingesperrt haben.

66 *Beurteilen Sie andere Menschen nicht nach dem, was sie scheinen, sondern nach dem, was sie sind.*

Die meisten Menschen haben Angst ihr wahres Gesicht zu zeigen.
Oft aus dem einfachen Grund, dass sie es selbst noch nie gesehen haben oder, wenn doch, sie sich dafür schämen. Aus diesem Grund ist es wie es ist: Man versteckt sich lieber hinter einer Maske. Solange man die Maske nicht mit dem Träger verwechselt, ist das weiter nicht tragisch, höchstens komisch. Das Rollenspiel gehört nun mal zum Theater auf der Lebensbühne.
Problematisch wird es erst, wenn Sie das vergessen und aus lauter Hoffnung auf Erfolg, Karriere und Anerkennung ungeprüft alles glauben, was man Ihnen sagt oder verspricht. Vor allem am Anfang, wenn Sie noch ein Niemand sind, klammert man sich an jeden Strohhalm; gerade wenn Sie Kunst und nichts „Vernünftiges" machen, ist es noch schwerer Förderer zu finden. Eine positive Lebenseinstellung heißt nicht, dass man jedem gleich vertraut, sondern dass man sich selbst vor Enttäuschungen schützt. Denn: Es ist nicht alles Gold, was glänzt. Hören Sie gut zu, was man Ihnen sagt und verspricht. Und vor allem wie, in welchem Ton man Ihnen etwas sagt. Ist es herablassend, arrogant oder naiv? Lesen Sie zwischen den Zeilen. Die Vorsicht sollte immer proportional zu den Versprechungen sein. Die glaubwürdigsten Partner sind meistens diejenigen, die wenig reden und ganz viel tun. Erkundigen Sie sich über Personen, Agenten, Galerien, Kunstvereine und Institutionen. Schon manchen Künstler hat es Kopf und Kragen gekostet, dass er mit dem Agenten oder Galeristen keinen Vertrag abgeschlossen hat. Ich selbst habe erlebt, wie mir ein Gauner mit Rolls-Royce und Butler mit gezückter Pistole in meinem Atelier den „großen Durchbruch" versprochen hat. Außer der Wut auf meine eigene Dummheit hat er nichts als sein endgültiges Verschwinden hinterlassen. Hoffnung kann zu Leichtgläubigkeit führen. Bei vielen künstlerisch begabten Menschen eine weitverbreitete Krankheit. Das kommt auch daher, dass viele Künstler so eine pseudohumanitäre, lässige Einstellung haben und sich schämen sachliche, präzise Fragen zu stellen. Man gehört ja schließlich nicht zu diesen Materialisten! … Eine solche Einstellung ist dumm und selbstzerstörerisch!

Fragen:

Trauen Sie Ihrer Agentur, Ihrer Galerie?
Haben Sie Vereinbarungen schriftlich niedergelegt?

Sie sind das, was Sie denken.
Programmieren Sie sich neu mit Affirmationen.

„Meinen kreativen Möglichkeiten sind keine Grenzen gesetzt – außer jenen, an die ich glaube!"

Seien Sie achtsam. Beobachten Sie Ihre Gedanken nicht nur während der Meditation, sondern auch im Alltag. Achten Sie beim Reden darauf, was Sie sagen und wie Sie es sagen. Das Unterbewusstsein ist nämlich wie ein Acker.
Sie sind das, was Sie denken bzw. Ihre Grenzen bestehen aus Gedanken und befinden sich nur in Ihrem Kopf. Mit Ihren Gedanken und Vorstellungen kreieren Sie Ihre Welt, Ihren Erfolg oder Misserfolg, Ihre Gesundheit, Ihre Beziehungen und Ihr Bankkonto.
Erfolg ist das, was auf Ihre Gedanken erfolgt.
Wenn Sie sagen: „Ich kann nicht", dann können Sie auch nicht. Wenn Sie aber sagen: „Ich schaffe das!", dann schaffen Sie bessere Voraussetzungen für das Gelingen. Wenn das Ganze es so will. Wenn nicht, dann sind Sie gemäß dem Sorbas-Prinzip (Tipp 26) trotzdem ein Sieger, weil Sie es wenigstens versucht haben und nur das zählt. Stellen Sie sich also vor, was Sie erreichen, kreieren, tun oder lassen möchten. Schreiben Sie spontan und unkontrolliert alle Gedanken auf ein Blatt Papier. Auf der linken Seite des Papiers das, was Sie tun möchten und auf der rechten die negativen Gedanken, Reaktionen, Befürchtungen und Überzeugungen, die Ihnen dazu einfallen. Auf diese Weise erkennen Sie die negativen Glaubenssätze, mit denen Sie Ihr Vorhaben boykottieren und können diese nun in positive Glaubenssätze umwandeln. Solche kreativen Umwandlungen nennt man Affirmationen.

Beispiel:

Negativ: „Ich verdiene nie genug Geld."
Positive Neuprogrammierung: „Ich, Martin, habe jetzt mit allem, was ich erschaffe, mühelos finanziellen Erfolg!"
Halten Sie diese Umwandlungen schriftlich fest. Wiederholen Sie den Satz täglich, mindestens zehnmal. Sprechen Sie ihn auf Band und hören Sie ihn sich vor dem Einschlafen an.

68 Denken Sie positiv!

„Hilfe nein, nicht der schon wieder!" werden Sie denken. Aber so banal und simpel dieser Tipp auch klingen mag, wenn Sie ihn anwenden, werden Sie staunen, dass er tatsächlich funktioniert.
Denken Sie groß, denken Sie reich, dann werden Sie groß und reich. Sehen Sie auch in den scheinbar schlimmsten Geschehnissen das Positive und Sie werden es entdecken. Beginnen Sie mit all den Unannehmlichkeiten, die der Alltag so großzügig zur Verfügung stellt.

69 *Praktizieren Sie das Erfolgsrezept aller Siegreichen: Machen Sie dort weiter, wo andere das Tuch werfen. Bleiben Sie dran!*

„Im Leben gewinnen nicht die Schnellen, sondern die Ausdauernden."

Es gibt sehr viele spannende Biografien von sehr erfolgreichen Persönlichkeiten wie zum Beispiel Bill Gates, Onassis, Pablo Picasso, Salvador Dalí usw., in denen man miterleben kann, wie die Erfolgreichsten dieser Welt allen Widerständen zum Trotz einen unerschütterlichen Durchhaltewillen an den Tag legen. Viele von diesen „Wahnsinnigen" haben im Grunde gar keine Wahl, ob sie weitermachen oder nicht, denn sie sind geradezu besessen von einer Idee. Das ist ihr Vorteil gegenüber den Mittelmäßigen. Sie müssen ihre Vision einfach umsetzen. Wie einen Auftrag von oben. Dieser Auftrag ist dann meistens auch Fluch und Segen zugleich. Fragen Sie sich, welchen Auftrag es in Ihrem Leben gibt, den Sie unbedingt ausführen müssen, koste es, was es wolle. Jeder anderen Arbeit, die Sie ohne diese Begeisterung tun, fehlt das *Feu sacré*, diese schöpferische Wut, ohne die es keinen Durchhaltewillen gibt.

- Zur Ausdauer und Beharrlichkeit gehören Konzentrationsfähigkeit, Disziplin, Motivation, die Technik kleiner Schritte und kleiner Erfolge und die Bündelung Ihrer ganzen Energie auf ein Ziel.
- Wenn Ihre Ausdauer nachlässt, erinnern Sie sich an all Ihre Erfolge, die aufgrund Ihres Durchhaltewillens bereits eingetreten sind oder halten Sie sich Ihr Ziel in allen Details vor Augen, so als wäre Ihr Traum schon Wirklichkeit geworden – das motiviert Sie weiterzumachen.
- Lösen Sie sich ein Abo im Fitnessstudio. Machen Sie alle zwei Tage 30 Minuten Ausdauer-Training auf dem Laufband. Eine wunderbare Erfahrung in Sachen Durchhaltewillen, die Sie auf all Ihre Lebensbereiche übertragen können.
- Hören Sie nicht auf Ihren Kopf, der Sie dazu überreden will aufzugeben. Bleiben Sie dran, koste es, was es wolle!

Steigern Sie Ihre Leistungsfähigkeit und Sensibilität durch gesunde Ernährung.

Ich weiß, dieser Tipp hört sich moralisch an. Denn eine kreative Leistung hängt nicht von der Ernährung ab. Sonst müssten alle Genies gesund gelebt haben, was, wie wir alle wissen, ein Witz ist. Sehr oft ist das Gegenteil der Fall: Kreative sind Genussmenschen, einige von ihnen scheren sich keinen Deut um Moral, sie rauchen, saufen, lieben Sex, gutes Essen und Extreme. Und doch ist es erstaunlich, welcher Zuwachs an Energie, Klarheit und Konzentrationsvermögen allein durch eine gesunde Ernährung in Verbindung mit Bewegung an der frischen Luft erreicht werden kann.

Mein persönlicher Tipp, der bei mir Wunder wirkt: Zum Frühstück Früchte, Fruchtsäfte, Kaffee oder Tee, vielleicht ein Pulvershake mit Vitamintabletten, mittags eine normale, fettarme, meist vegetarische Hauptmahlzeit. Am Abend dann, nicht zu spät, wieder leichte Kost. Täglich mindestens zwei Liter Wasser trinken.

Nutzen Sie kreative Arbeitsphasen, um mit Nahrungsersatzpulver zu entschlacken.

Legen Sie Fastenzeiten ein.

Wichtig: Finden Sie Ihr Mittelmaß.

© Thomas Perkins - Fotolia.com

Jeder hat irgendwo eine Portion Wahnsinn in sich. Wenn Sie sich selbst und anderen nicht schaden, dann geben Sie dem immer mal wieder ein bisschen Luft. Der normale Wahnsinn ist der fruchtbare Hort unzähliger Phantasien und kreativer Ideen. Schauen Sie sich einmal all diese kreativen Genies an – alles Verrückte. Wenn Sie den Wahnsinn annehmen und ausdrücken, hält er Sie sogar gesund und sexy, außerdem sind Sie sich selbst ihr bester Witz! Das, was Sie hier lesen, ist provokant und geht für die prüderen Bürger und Bürgerinnen vielleicht sogar unter die Gürtellinie. Das soll es auch, denn oft verhalten wir uns so, als würden wir nur oberhalb derselben existieren. Dieser Tipp erinnert Sie daran, dass Sie die weniger anständigen „heimlichen" Gedanken und Gefühle nicht ganz außer Acht lassen und den Mut aufbringen sollten, sie ans Tageslicht zu befördern und sie auszudrücken. Wenn Sie sich jetzt dabei ertappen, wie Sie ganz genervt und automatisch zu sich selbst sagen: „Ich gehöre doch nicht zu diesen primitiven ...", oder „Das habe ich doch längst hinter mir!" kann es sein, dass dem nicht so ist.

Übung:

Machen Sie folgende Experimente. Am einfachsten ist es, wenn Sie bereits Wut und Ärger im Bauch haben. Je totaler Sie diese Übungen machen, umso größer ist ihre Wirkung.
Anfangs hilft es, wenn Sie ein bisschen Theater spielen bis die echten Gefühle „anbeißen" – atmen Sie dabei immer tief und fest:

1. Essen Sie mit den Händen. Schmatzen Sie dabei. Genau so, wie man es Ihnen als Kind verboten hat.
2. Sagen Sie einfach jemandem, der wirklich eines ist, laut und deutlich „Arschloch" oder scharf und laut „Stopp!", wenn Ihnen jemand zu nahe tritt und Ihre Grenzen nicht respektiert. Er oder sie wird daran nicht sterben, aber Ihnen wird es deutlich besser gehen.
3. Vielleicht haben Sie ja auch einen Sexualpartner, dem es Spaß macht, einmal etwas Obszönes zu probieren oder zu sagen. Schauen Sie sich einen Porno an.
4. Ein herrliches Mittel gegen die schleichende Verbravung: Machen Sie die Brabbel-Meditation von Osho. Sie macht im wahrsten Sinne des Wortes tierisch Spaß. Sie geht so: Brabbeln Sie „Gibberisch", das heißt eine halbe Stunde oder auch länger lauter Unsinn. Dabei sitzen Sie auf dem Stuhl oder im Schneidersitz auf dem Boden und reden ununterbrochen dummes, zusammenhangloses Zeug in allen Ihnen völlig unbekannten Sprachen und Tonlagen querbeet durcheinander. Danach sitzen Sie eine Weile mit geschlossenen Augen in Stille.

Finden Sie Ihren Rhythmus.
Bewegen Sie sich und bleiben Sie im Fluss!

Alles ist Energie, und Energie will fließen.

Deshalb ist es wichtig, dass Sie körperlich und geistig im Fluss bleiben. So wie ein sprudelnder Bergbach, der sich durch die Bewegung über Stock und Stein dauernd mit Sauerstoff auflädt. Achten Sie darauf, dass sich das Wasser nicht staut, über längere Zeit vor sich hindümpelt und zu faulen und zu stinken beginnt. Bleiben Sie flexibel und elastisch im steten Wandel der Zeit. Machen Sie eine Fahrt ins Blaue. Zeigen Sie blind auf eine Karte und fahren Sie dann mit dem Zug dorthin. Bereisen Sie ein neues Land oder kaufen Sie sich ein Fahrrad oder einen Roller! Gehen Sie Schwimmen, sagen Sie, was Sie denken, wollen und fühlen. Bleiben Sie im Fluss!
Handeln Sie, um sich vom Handeln zu befreien.
Schieben Sie nicht alles auf! Erledigen Sie alles sofortl Wenn Sie all Ihre alltäglichen Pflichten und Besorgungen wie Einkaufen, Kochen, Abwaschen, Putzen immer sofort erledigen ohne lange darüber nachzudenken, müssen Sie nicht mehr an diese Dinge denken. Sie erhalten sich Ihre Frische und Dynamik. Nehmen Sie diese Dinge mehr als Tanz und nicht als notweniges Übel. Atmen Sie bewusst und tief bei allem, was Sie tun. Das bringt Sie ins Hier und Jetzt. Atem ist Lebenskraft und bereichert Ihren Körper und Geist mit Sauerstoff. Wechseln Sie oft die Körperhaltung.

Übung bei Energieblockaden:

1. Schließen Sie die Augen, schauen Sie in Ihrem Kopf nach, da muss irgendwo ein Gedanke sein, der den Widerstand verursacht. Vermeiden Sie folgende Killerphrasen: „Das hat noch Zeit", „Das kann ich auch noch morgen erledigen", „Jetzt ist sowieso zu spät", „Das soll ein anderer machen", „Es regnet" usw.
Ergänzen Sie die Liste.
2. Stehen Sie sofort auf. Gehen Sie an die frische Luft. Drehen Sie ein paar Runden, bewegen Sie sich und machen Sie ein paar Yoga- oder Gymnastikübungen und nicht vergessen: atmen, atmen, atmen! Und machen Sie einen Ton und eine Grimasse dazu.

Finden Sie Ihren Rhythmus

Kaufen Sie sich eine oder mehrere Trommeln (z. B. Djembe, Konga oder Bongo) und nehmen Sie sich einen guten Lehrer. Sie können sich dazu noch eine ganze Sammlung von Percussion-Instrumenten anlegen, um diese bei Gelegenheit während einer Party unter die Gäste zu verteilen – ein beliebter Partyspaß, der garantiert für Stimmung sorgt. Jemand, der sich auf der Trommel schon sicher fühlt, beginnt mit einem einfachen Grundbeat, an dem sich die anderen orientieren können.

73 *Überlassen Sie Ihr Leben weder Gott, dem Staat, dem Ehepartner noch irgendeinem Chef.*

Als Baby sind wir abhängig von den Eltern, als Jugendliche von den Lehrern, an der Universität von den Professoren. Als Erwachsene in der Arbeitswelt von den Vorgesetzten und im Alter, wenn uns alles zu entgleiten beginnt, glauben wir an einen Gott, an den wir glauben sollen, ohne ihn je gesehen zu haben. Und immer lassen wir unsere eigene Lebensgestaltung von anderen sogenannten Autoritätspersonen, von der Familie, dem Verein, der Partei und von der Meinung der Medien, von Trends und Moden beeinflussen und manipulieren, bis wir nicht mehr wissen, wer wir eigentlich wirklich sind und was wir wirklich wollen.

Jede Anpassung, jede Beeinflussung schwächt jedoch Ihr Selbstbewusstsein und Ihr Vertrauen in Ihre eigene Schöpferkraft. Warten Sie nicht mehr auf die Erlösung von außen, durch den Partner, den Chef, das Finanzamt oder Gott. Seien Sie selbst Ihr Erlöser.

DO NOT
DISTURB
NO MOLESTE
PRIÈRE DE NE
PAS DÉRANGER
BITTE NICHT
STÖREN

74 *Leben Sie selbstbestimmt, nicht fremdbestimmt.*

Als kreativer Mensch handeln Sie selbst, anstatt gehandelt zu werden. Erschaffen Sie sich ein erfülltes Leben Marke Eigenbau. Nehmen Sie sich eine Auszeit, um herauszufinden, was das für Sie bedeutet.

Wenn Sie in der blökenden Schafherde mittrotten, sehen Sie den Abgrund der Anpassung nicht, auf den sie zusteuert. Erheben Sie sich aus der Masse! Seien Sie selbst Ihr Boss. Nehmen Sie das Steuer Ihres Bootes selbst in die Hand. Bestimmen Sie den Kurs, setzen Sie die Segel neu.

Übung:

Schreiben Sie eine Woche lang jeden Tag genau auf, was Sie gemacht haben. Nach einer Woche lesen Sie Ihren Erlebnisbericht noch einmal durch, um festzustellen, wie viele Handlungen und Dinge Sie freiwillig und welche Sie unfreiwillig gemacht haben. Hören Sie dabei auf keinen Fall auf Ihren trickreichen Verstand, der Ihnen einreden will, dass man eben mit Zwängen, Kompromissen und Pflichten leben muss: „Man hat schließlich eine Familie" oder „Von irgendetwas muss man ja leben" – wandeln Sie diese negativen Glaubenssätze in positive Affirmationen um (siehe Tipp 67).

Sie müssen gar nichts, als ein selbstbestimmtes, freies und schöpferisches Leben führen. Das ist der einzige Weg zum Glück.

Fragen:

1. Wer hindert mich? Denken Sie an alle Lebensbereiche.
2. Bei wem muss ich mich das nächste Mal abgrenzen? Schreiben Sie die Namen auf.
3. Wer geht mir auf die Nerven?
4. In welchem Bereich achte ich mehr darauf, was die anderen von mir denken, anstatt auf meine eigenen Bedürfnisse?

Empfehlungen:

1. Tipp der Redakteurin: Besuchen Sie in der Türkei oder einem arabischen Land einen dieser typischen Basare! Hier lernen Sie Abgrenzung und Nein-Sagen vom Feinsten! Wenn Sie erst einmal einige Erfahrungen damit gemacht haben, sich die Verkäufer entweder erfolgreich vom Leib zu halten oder mit einer genauen Preisvorstellung im Kopf mitzuzocken, werden Sie feststellen, wie viel Spaß es machen kann siegreich aus dem Feilschen hervorzugehen. Achtung: Suchtgefahr!
2. Notieren Sie hier mindestens fünf Dinge, die Sie machen würden, wären Sie niemandem Rechenschaft schuldig.

75 *Bewahren Sie sich Ihre Geheimnisse, damit Sie in Ruhe an ihnen arbeiten können.*

Oft erzählen wir unnötig sehr persönliche Dinge, nicht der Sache wegen, sondern vielleicht um besonders originell zu wirken, um uns wichtig zu machen, weil wir gerade ein wenig Anerkennung brauchen, um uns anzubiedern oder besonders lieb und nett zu erscheinen. Oft auch, weil wir mit unserem Projekt noch sehr unsicher sind. Diese unlauteren Absichten bewirken dann oft das Gegenteil, sodass wir uns schlecht fühlen, sobald wir sie ausgesprochen haben, weil wir etwas preisgegeben und verletzt haben, das noch nicht reif genug war, um spöttischen oder zynischen Anspielungen standzuhalten.

Geheimnisse sind Kraftspeicher und Kraftspender und laden Sie mit Energie auf. Wenn Sie sie zu früh der Öffentlichkeit preisgeben, verlieren sie ihre Kraft und Magie.

Geheimnisse haben außerdem noch einen weiteren Vorteil: Wenn Sie Ideen, Ihr Projekt oder das, was Sie gerade tun, für sich behalten, müssen Sie nachher niemandem Rechenschaft ablegen, wenn Sie scheitern oder es doch nicht tun.

Vermeiden Sie deshalb unnötige Konversation aus Langeweile oder weil Sie sich gerade schlecht fühlen.

Vergessen Sie nie, die meisten Menschen wollen nicht wirklich, dass Sie Sie selbst sind, weil ein origineller, authentischer Mensch gefährlich und provokant ist, weil er die eigenen ungelebten Träume in einem wachruft und die eigene Anpassung und Biederkeit spiegelt. Man lächelt interessiert, aber hinter der Fassade sind Angst und Neid.

Wenn Sie Geheimnisse für sich behalten, wirken Sie charismatisch, geheimnisvoll und interessant und werden plötzlich respektiert, nicht weil Sie es brauchen, sondern weil Sie sich selbst respektieren.

Fragen Sie sich, was Sie in Zukunft lieber für sich behalten möchten und wem gegenüber Sie vorsichtig sein sollten.

76 *Streichen Sie die falschen Leute aus Ihrem Drehbuch.*

Als kreativer Mensch sind Sie Produzent, Drehbuchautor, Schauspieler und Regisseur im eigenen Film. Denken Sie noch einmal über Ihre Besetzung nach.

Schreiben Sie auf ein Blatt Papier die Namen von all den uninteressanten, unkreativen und langweiligen Typen, die Sie aus dem Drehbuch Ihres Lebens streichen möchten. Ja, auch wenn es die eigene Mutter, die Sie immer noch wie ein Kind behandelt, oder sonst ein Familienmitglied ist. Gerade die Familie ist oft ein Hort gegenseitiger Manipulationen. Umgeben Sie sich nur mit Menschen, die „groß", das heißt kreativ denken und deren Gesellschaft Sie inspiriert.

77   *Bringen Sie Ihre Beziehungen in Ordnung.*

Was für ein weitverbreitetes Thema: Beziehungen sind der Kreativitätskiller Nr. 1.
In keinem anderen Lebensbereich sind wir so schnell bereit uns anzupassen, zu lügen und uns auf Kompromisse einzulassen.
Bei den meisten Menschen steht irgendwo ein Partner, ein Ehemann, eine Ehefrau auf der Leitung. Warum ist das so?
Hier geht es um elementare Bedürfnisse, um den Überlebenstrieb. Ohne Partner fühlen wir uns verlassen und ungeliebt. Daher tun und lassen wir alles, nur um nicht alleine zu sein. Dabei ist das Alleinsein unsere Natur. Allein zu sein heißt auch frei, mit allem verbunden und *Ganz* zu sein. Anstatt uns diesem Alleinsein zu stellen, was uns die wirkliche und endgültige Geborgenheit brächte, flüchten wir immer wieder in eine Scheingeborgenheit, die uns letztlich niemals wirklich nährt.

Ihr persönlicher Beziehungscheck:

Ich weiß, keine leichte Kost, aber da müssen Sie jetzt durch!

1. Sind Sie zufrieden und erfüllt in Ihrer Ehe oder Partnerschaft? Was stimmt und was nicht?
2. Sind Sie mit dem richtigen Partner zusammen?
3. Lieben Sie ihn oder sie?
4. Was möchten Sie mit Ihrem Partner klären?
5. Lassen Sie sich beide frei? Wie steht es mit der Eifersucht?
6. Können Sie Ihren Selbstausdruck und Ihre Kreativität uneingeschränkt ausleben, unterstützt Sie Ihr Partner dabei oder machen Sie Kompromisse? Wenn ja, welche?
7. Wenn Sie mit Ihrer Beziehungsform nicht glücklich sind: Welche Alternativen könnten Sie ansprechen? Eine schöne, friedliche Ehe mit einem Partner? Eine offene Ehe, in der jeder Partner noch einen Liebhaber und eine Geliebte hat. (Gratuliere! Wenn Sie hier schockiert sind, haben Sie vielleicht gerade einen Kreativitätskiller in Ihrem Kopf entdeckt). Könnte es eine gleichgeschlechtliche Beziehung sein? Wäre eine unverbindliche Liaison mit „leichten Mädchen oder Jungen" denkbar oder ein netter Abend mit einer Dame oder einem Herrn vom Escort-Service ohne schlechtes Gewissen, ohne Lügen und ohne den Rattenschwanz von uneinlösbaren Versprechen? Oder könnte es sogar eine vorübergehende Beziehung ganz mit sich selbst, mit Gott sein? Eine Auszeit im Kloster oder Ashram?

Lassen Sie auch hier Ihrer Phantasie freien Lauf. Hören Sie nicht auf die sturen und prüden Kommentare in Ihrem Kopf, es sind nur die Stimmen Ihrer Erzieher. Kreieren Sie sich die jeweiligen Beziehungsformen, die zu Ihnen passen und haben Sie den Mut, diese zu ändern, wenn Sie und Ihr Leben sich ändern.

78 Wichtig! Was immer Sie kreieren wollen: Denken und experimentieren Sie in alle Richtungen.

Eines der wichtigsten Merkmale der Kreativität ist die Fähigkeit Neues auszuprobieren. Das größte Hindernis beim weiträumigen Experimentieren ist, vor allem mit wachsender Routine, dass wir meinen bereits zu wissen, wie etwas geht. Unser privates und berufliches Leben verläuft in geordneten Bahnen, was oft Ursache von Langeweile, Lustlosigkeit und Resignation ist. Vor allem als Kreativer, sofern Sie dieser Bezeichnung gerecht werden wollen, sollten Sie dieser Gefahr bewusst entgegentreten, indem Sie in alle nur erdenklichen Richtungen experimentieren. Werden Sie Ihrem Stil, Ihrer Methode, Ihrer Technik und Ihren heiligen Vorstellungen immer mal wieder untreu. Spätestens dann, wenn Sie nicht mehr weiterkommen. Ein Maler, so stellt man sich das zuerst einmal vor, malt mit Pinsel und Farbe auf Leinwand. Warum aber nicht auch auf Holzplatten, Eternit, Eisen, Metall, Karton, Kork, Glas, Tapeten, Papier usw. mit Schwämmen, Lumpen, mit der linken und der rechten Hand? Farbe kann gespritzt, geschüttet, geschlagen, getupft werden.

Schriftsteller versuchen alle möglichen Formulierungen, um die richtige Form für ihre Aussage zu finden. Als Dialog, in der Gegenwart oder Vergangenheit. Ein Regisseur kann eine Szene nachts, bei Tag, am Meer oder im Wald drehen. Je nach Ort ändert sich die Aussage.

- Versuchen Sie Ihr Bild, Ihren Roman, Ihren Vortrag, Ihr Haus in allen vier Himmelsrichtungen, vielleicht hat ihr Himmel ja fünf oder sieben Himmelsrichtungen?
- Verändern Sie die Form Ihres Objekts, drehen, stellen, legen, hängen, verkürzen, verlängern, zerstören, beschimpfen, zerknittern Sie es. Dann lassen Sie es ruhen, bis die Form sitzt.
- Betrachten Sie Ihr Projekt durch unterschiedliche Brillen. Durch die Augen des Betrachters, des Lesers, des Zuhörers, des Bewohners, eines Mannes, einer Frau, also von unterschiedlichen Standpunkten aus. Versetzen Sie sich in Ihr Gegenüber, Ihre Partner, Feinde, Kunden und Freunde hinein.
- Verkehren Sie nicht immer mit den gleichen Leuten. Wenn Sie reich sind, sprechen Sie mit einem Handwerker. Wenn Sie ein Stadtmensch sind, setzen Sie sich einmal mit einem Bauern für einen kurzen Schwatz auf die Bank unter der Eiche.
- Rufen Sie sich dabei immer wieder in Erinnerung:
  Ich bin mehr und größer als der/die ich zu sein glaube.
  Ich bin das Bewusstsein, welches alle Richtungen beinhaltet.

Diese Erfahrung befreit Sie von den Grenzen einer auf ein Geschlecht, einige Charaktermerkmale und Gewohnheiten reduzierten, das heißt gespaltenen Identität. Diese kosmische Verbundenheit verändert Ihr Leben, erweitert Ihre Wahrnehmung ins Unvorstellbare und gibt Ihnen die Freiheit, sich im Supermarkt der unbeschränkten Möglichkeiten ungehindert zu bedienen.

Leben Sie Ihre inneren Gegensätze, Rollen und Wesenszüge aus!

Eine für die Kreativitätsforschung besonders wichtige Erkenntnis moderner Gehirnforschung ist die Zweiteilung des Gehirns in eine linke und eine rechte Hirnhälfte.

Die Funktionen der linken Gehirnhälfte:

Zahlendenken (digitales Denken); logisches, rationales und analytisches Denken; lesen, schreiben, sprechen; Organisations- und Planungsdenken.

Die Funktionen der rechten Gehirnhälfte:

Räumliches Denken, ganzheitliches Verstehen; Intuition, Phantasie und Wachträumen; Emotionalität; Musik, Rhythmus, Tanz.

Da bei den meisten Menschen die eine Gehirnhälfte ausgeprägter und aktiver ist als die andere, gilt es im kreativen Prozess beide Denkstile zu verbinden, um das ganze Potential zu nutzen.

Leben ist Spannung. Spannung entsteht aus Gegensätzen, die sich ergänzen. Die Manager sollten zu den Künstlern und die Künstler zu den Managern blicken.

Seien Sie an dieser Stelle besonders vorsichtig. Denn hier stellen sich Ihre festgefahrenen Vorstellungen und Verhaltensmuster besonders hartnäckig in die Quere. Hier kommen Sie mit Ihrer Identität, mit Ihrem Ego in Konflikt: „Ich habe das immer so gemacht, anders geht das nicht!"

Frage:

Sind Sie eher der Realist oder sind Sie eher musisch, emotional, intuitiv veranlagt? Das heißt: Welche Gehirnhälfte ist bei Ihnen dominant und welche weniger entwickelt? Um Ihre Selbsterkenntnis zu ergänzen, empfiehlt sich eine HDI-Computeranalyse. Das Hermann-Dominanz-Instrument zur Darstellung bevorzugter Denkstile basiert auf einem metaphorischen Modell von Ned Hermann über das Gehirn, das die Denk- und Verhaltensweisen in vier Kategorien einordnet. Die einfache Analysetechnik gibt Erkenntnisse darüber, welche Denkstile dominant sind, welche genutzt und welche eher vermieden werden.

Bezugsadresse: H.D.I.®-Herrmann-Dominanz-Instrument / www.strategie-b.de.

Entwickeln Sie die Seite in Ihnen, die sie weniger benutzen.

Sind Sie links-dominant, also eher realistisch und vernunftbezogen, trainieren Sie Ihre rechte Gehirnhälfte (Intuition und Phantasie). Sind Sie eine Geschäftsfrau, leben Sie auch die Künstlerin in Ihnen. Lernen Sie zu spüren und zu fühlen, ohne darüber nachzudenken. Machen Sie eine Figur aus Ton, kochen Sie für Freunde, erfinden Sie eine kreative Tischdekoration mit

Kerzen, Girlanden und allem, was Ihnen einfällt. Guten Appetit! Fahren Sie ins Blaue, ohne sich schuldig zu fühlen, machen sie 300 Fotos, ohne sich über die Kosten Sorgen zu machen, gehen Sie in eine Disco, erlauben Sie sich Tagträume, malen Sie ein Bild usw. Lesen Sie Romane, Biografien, Erzählungen und Gedichte, die das Thema Ihres Interesses künstlerisch, poetisch und philosophisch behandeln. Ergänzen Sie selbst die Liste mit sinnlichen Ideen, wie Sie Ihre rechte Gehirnhälfte verführen könnten.

Sind Sie rechts-dominant, also musisch und künstlerisch, entwickeln Sie Ihre rationale Seite (Vernunft und Realitätssinn). Sind Sie ein Künstler, versuchen Sie sich als Geschäftsmann – werden Sie Ihr eigener Manager. Lernen Sie Zahlen zu benutzen, Fakten zu sammeln, zu organisieren und zu analysieren. Machen Sie sich einen genauen Zeitplan für eine Woche. Sie werden staunen, wie viel Zeit Sie sparen. Lernen Sie den Umgang mit einem PC, erstellen Sie ein persönliches Budget, erstellen Sie einen Stammbaum. Seien Sie den ganzen Tag lang pünktlich, ordnen Sie Werkzeuge und Büromaterial, ordnen Sie Ihre CDs der Reihe nach in Kategorien und Stilrichtungen. Schreiben Sie eine kurze Biografie über sich selbst und eine Kritik Ihres Lieblingsfilms. Lesen Sie Sachbücher, die das Thema Ihres Interesses rational und analytisch auf Fakten basierend behandeln. Ergänzen Sie selbst die Liste mit eigenen kreativen Ideen, wie Sie Ihre linke Gehirnhälfte aktivieren könnten.

Beispiele:

1. Wenn Sie etwas hart angehen, versuchen Sie es einmal sanft.
2. Wenn Sie still werden wollen, tanzen, joggen oder biken Sie zuerst.
3. Wenn Sie ein sogenannter spiritueller Mensch sind, gehen Sie an die Börse. Wenn Sie an der Börse sind, gehen Sie zum Meditieren.
4. Wenn Sie immer nur mit dem Kopf arbeiten, gehen Sie einmal in den Wald, suchen Sie sich interessante Holzstücke und schnitzen Sie daraus kleine Figuren.
5. Wenn Ihr Verhalten eher autoritär und streng ist, versuchen Sie Menschen mit mehr Mitgefühl zu behandeln.
6. Wenn Sie zum Beispiel einsehen, dass Ihre Schwäche Ihr Gefühlsleben, das Irrationale, die Intuition ist, unternehmen Sie in Zukunft mehr Dinge, die einfach Spaß machen, auch wenn Sie deren Sinn nicht sofort erkennen: Lassen Sie mit Ihren Kindern Drachen steigen, lassen Sie sich das Jonglieren beibringen oder besuchen Sie einen Trommelkurs.
7. Wenn Sie sich eingestehen müssen, dass Sie eine unverstandene Träumerin sind oder wenigstens als solche gelten, unternehmen Sie etwas, um Ihr rationales Denkvermögen und Ihre Sprache zu schulen, damit Sie endlich verstanden werden.

80 *Was immer Sie erschaffen: Berücksichtigen Sie die gestalterischen Gesetze.*

Leben ist Energie, Dynamik, Dramaturgie, Wachstum, Bewegung, Kontrast. Leben ist Spannung und beruht auf den Gegensätzen Leben – Tod, Tag – Nacht, hell – dunkel, Mann – Frau, leicht – schwer, laut – leise, rau – glatt, kalt – warm, dick – dünn, zart – grob, dem Komplementärkontrast rot – grün, gelb – violett usw., leer – voll, weich – grob, alt – jung, Erde – Wasser, Feuer – Luft, bunt – schwarz – weiss, fröhlich – traurig usw.

1. Erweitern und ergänzen Sie die Liste mit allen nur erdenklichen Gegensätzen, die Sie in der Natur, in den Künsten und allen Lebensbereichen beobachten können und berücksichtigen Sie diese in Ihrem gestalterischen Prozess:
2. Erzeugen Sie Leben und Spannung durch Gegensätze in Ihrem Bild, Ihrem Text oder Roman, Ihrem Gesang, Ihrem Tanz, Ihrem Menü oder bei der Planung Ihres Hauses und Ihres Gartens.

Beispiele:

1. Jeder Krimi besteht aus Spannung, das heißt aus dem Konflikt zwischen dem Guten und Schlechten.
2. Eine spannungsvolle Architektur besteht aus der geschickten Kombination von Materialien wie Beton, Holz, Putz, Naturstein, Eisen.
3. Ein schöner Garten lebt von den Kontrasten hoher markanter Bäume auf ruhigen Grasflächen, dicht bewachsener und leerer Zonen, bunter Blumenbeete neben grünen Stauden, geometrisch verlegter Natursteinplatten neben fließendem Kies oder Splitt.

Gegensätze bedingen, ergänzen und verstärken sich:
Etwas Helles wirkt heller vor einer dunklen Fläche, eine zarte Frau zarter vor einer Gruppe von Rockern, das Happy-End einer Story befreiender nach einer Horrorfahrt, ein Gelb leuchtender neben einem Violett, ein Clown komischer inmitten ernster Geschäftsleute.

Fragen:

1. Wie steht es mit Ihrem Kunstwerk, Produkt oder Ihrer Dienstleistung? Hat es/sie Leben, Spannung, Kontraste und Gegensätze?

Geben Sie Ihr Armutsbewusstsein auf. Denken Sie sich zum Millionär, bevor Sie einer werden.

„Das Loslassen negativer Emotionen und die Befreiung des Bewusstseins von unerfüllten Bedürfnissen machen den Weg zu persönlichem wie finanziellem Erfolg frei." Claus David Grube

Reichtum beginnt im Kopf. Was haben Sie in Bezug auf Geld und Reichtum für Glaubenssätze? Wie wurde in Ihrer Familie über Geld geredet? „Ein Künstler kann nicht mit Geld umgehen", „Die reichen Ausbeuter sind an allem schuld", „Geld ist nicht wichtig, um glücklich zu sein"? Geben Sie Ihr Armutsbewusstsein auf! Sehen, hören, riechen, schmecken und kleiden Sie sich als Millionär. Hängen Sie sich Geldscheine an die Wand. Schauen Sie sich Bilder von schönen Villen und Luxusjachten an und stellen Sie sich vor, dass Sie das alles besitzen. Achten Sie genau auf die Kommentare und Wertungen Ihres Verstandes wie etwa: „Ach, das hast du doch nicht nötig!", „Ich bin ein spiritueller Mensch, ich gehör' doch nicht zu diesen oberflächlichen Materialisten". Wundern Sie sich nicht, wenn dann das Geld schön gemäß Ihren Glaubenssätzen fernbleibt.

Seien Sie kreativ und wandeln Sie diese negativen Glaubenssätze über Geld in positive Affirmationen um. (s. dazu auch Tipp 67)

Tipp:

Auch beim Geld funktioniert das Prinzip der Liebe: Lieben Sie Geld um seiner selbst willen. Verkehren Sie mit Menschen, denen es gut geht. Meiden Sie die Miesepeter, die das Unglücklichsein als spirituelle Tugend pflegen.

82 Erschaffen Sie sich inneren und äußeren Reichtum.

„Leben wir die innere, kosmische Ordnung der geistigen Gesetzmäßigkeiten im Alltag, leben wir unseren wahren Reichtum und unsere wahren Werte, nämlich die Talente der Seele, dann bezahlt die eigene Kreativität auch die irdischen Rechnungen."

Elisabeth Bond, spirituelle Lehrerin und Heilerin

Reichtum ist das Gegenteil von Mangel. Oberflächlich betrachtet könnte man also annehmen, dass demzufolge alle reichen Leute glücklich sind. Stimmt das? Nein? Wenn aber Geld und äußerer Reichtum bzw. Besitz nicht wirklich glücklich machen, kann Geld alleine folglich nicht wahrer Reichtum sein. Demnach müssten also alle armen Leute glücklich sein. Auch nicht? OK!

Das eine schließt das andere eben nicht aus. Reichtum und innere Werte bedingen sich gegenseitig.

Was soll das Geld, das Haus, der Pool, das Cabrio, teure Ferien und Klamotten, wenn man es nicht wirklich genießen kann und voller Neid auf andere schielt, die womöglich noch mehr haben?

Um Geld und Besitz genießen zu können, müssen die äußeren Werte mit den inneren im Einklang sein. Wenn Sie mit etwas Geld verdienen, das Ihnen keinen Spaß macht oder Ihrer Arbeit nur aus Angst oder Gewohnheit nachgehen, sind Sie nicht in Einklang mit sich selbst und Ihren inneren Werten.

Andererseits: Was ist das für ein innerer Friede, wenn Sie beim Meditieren im Ashram immer nur an Geld denken, um Ihre Miete bezahlen zu können?

Fragen:

1. Wo würden Sie Ihre finanziellen Verhältnisse auf einer Skala von 1–10 einstufen?
2. An was, glauben Sie, dass es Ihnen mangelt? An Geld oder an inneren Werten? Was könnten Sie im ersten Fall tun, um mehr Geld zu verdienen? Im zweiten Fall was, um mehr Liebe, Frieden, Freude und Humor in Ihr Leben zu bringen?
3. Entspricht das, was Sie als Beruf oder Hobby machen, Ihrer tiefsten Bestimmung? Ist Ihre Arbeit das, was Sie am besten können? Ist es das, was Sie mit Leidenschaft, Begeisterung und Freude tun?

Empfehlungen:

1. Erinnern Sie sich: Sie verdienen dort am besten, wo Sie am besten sind.
2. Streben Sie nach Reichtum und Erfolg, aber verkaufen Sie dabei nicht Ihre Seele, sonst kreieren Sie innere Armut.
3. Kein Luxus, mag er auch noch so klein sein, ist es wert, auf die Erfüllung Ihres Herzwunsches zu verzichten. Verkaufen Sie Ihr Auto oder nehmen Sie sich eine kleinere Wohnung. Lassen Sie Ihren Partner seine Rechnungen selbst zahlen. So erfahren Sie schnell, wie viel Ihnen Ihr Ziel wert ist. Außerdem wächst Ihr Durchhaltewillen an den Widerständen und Ihre Liebe zu einer Sache an Ihrer Hingabe. Nehmen Sie auf dem Weg zur Selbstverwirklichung ruhig Durststrecken in Kauf. Später werden Sie stolz und dankbar sein für diese Zeiten des „Hungerns". Sie erlangen einen völlig anderen Bezug zum Geld. Und wenn Sie dann welches haben, ist jeder Euro das Zehnfache wert, denn Sie wissen, was Sie dafür geleistet haben. Nehmen Sie irgendeinen Nebenjob an: Zeitungen austragen, Kellnern, Handlangerarbeiten, Gärtnern. Finden Sie weitere Möglichkeiten, wie Sie zu Ihrem Geld kommen.
4. Geben Sie sich selbst den Wert, den Sie Ihrer Meinung nach haben, dann zahlt Ihnen der Markt auch Ihren Preis.

83

Fürchten Sie die Urteile Ihres Verstandes wie der Teufel das Weihwasser.

Der Verstand ist Fluch und Segen, Teufel und Engel zugleich. In diesem Tipp reden wir von seiner Rolle als Teufel. Der Verstand, englisch „mind", ist der Vater aller Kreativitätskiller. Und der Sitz Ihres Egos. Der Verstand verursacht laufend die Spaltung zwischen dem, was ist und dem, was sein sollte.

Tatsache ist: Sie wollen malen, aber Ihr Verstand sagt: „Das geht nicht, da braucht man zuerst eine Ausbildung, ein Atelier usw."

Tatsache ist: Sie wollen einen Laden eröffnen, aber Ihr Verstand sagt: „Das ist viel zu teuer."

Tatsache ist: Die Frau oder der Mann gefällt Ihnen, aber Ihr Verstand sagt: „Was wird sie oder er von mir denken."

Tatsache ist: Sie möchten sich scheiden lassen, aber Ihr Verstand sagt: "Wovon soll ich denn leben?"

Die Liste ist endlos.

Wenn Sie sich blockiert, gestresst oder unwohl fühlen, wenn Sie glauben ein Problem, keine Zeit, keine Lust zu haben: Halten Sie einen Moment inne. Atmen Sie tief. Schließen Sie die Augen. Beobachten Sie Ihre Gedanken, spüren Sie Ihren Gefühlen nach. Mit jedem Gefühl sind auch Gedanken verbunden. Schauen Sie genau hin. Beobachten Sie. Welche Gedanken sind da in Ihrem Kopf, die dieses Gefühl, diesen Widerstand verursachen könnten? Wenn Sie die Gedanken erkennen, fällt meistens auch das negative Gefühl und damit das Problem weg. Wenn Sie erkennen, dass Gedanken, Vorstellungen, Urteile, negative Erfahrungen und alte Konditionierungen die Ursache für die meisten sogenannten Probleme und Kreativitätskiller sind, dann gehen Sie mit der Zeit gar nicht mehr in den Kopf, in die Gedanken und die mit den Gefühlen einhergehende Geschichte hinein. Und genau in dieser Stille, in diesem Raum, der sich nie bewegt, jenseits der Gedanken und Gefühle löst sich das Problem auf, weil es nie eines gab. Alleine diese Erkenntnis entzieht dem Verstand seine Machtposition.

All diese sinnlichen, geistigen Erfahrungen, dieses „Leela", das kosmische Spiel, können als Gestaltungsmittel kreativ genutzt werden. Es sind aber nur Erfahrungen, die kommen und gehen. Sie müssen kein Opfer dessen sein, was kommt und geht, denn Sie sind freies, schöpferisches Bewusstsein. DAS, was jenseits von allem ist, was kommt und geht. Halten Sie sich dieses wunderbare Bild immer wieder vor Augen:

All meine Gedanken, Gefühle und Erfahrungen, dieser Körper, der da zufällig meinen Namen trägt, all das, was kommt und geht, sind die Wellen. Ich bin das Meer!

84 *Fragen Sie sich, was man Ihnen in Ihrer Kindheit beigebracht hat.*

Hat man Sie ermutigt ganz Sie selbst zu sein und an sich zu glauben? Half man Ihnen auf Ihr Herz zu hören. Ließ man Sie in wichtigen Belangen selbst entscheiden und den Beruf erlernen, den Sie sich wünschten? Hat man Sie unterstützt, als Sie gegen eine Autorität rebellierten? Hat man Ihnen beigebracht, was es bedeutet sich selbst zu lieben und zu achten. Das, was wir Erziehung nennen, ist oft nur eine gut gemeinte Programmierung von Glaubenssätzen und Verhaltensregeln, die nicht unsere eigenen sind. Genau diese jedoch befolgen wir heute als Erwachsener immer noch. Wir meinen, dass wir aus uns heraus agieren und kreieren, doch oft zeigt unser Unglück, dass wir fremde Gedanken denken, fremde Gefühle fühlen und Dinge tun, die wir eigentlich nicht gerne tun. Es gilt also diese Konditionierungen zu erkennen.

Übung:

Schreiben Sie einige der Verbote Ihrer Eltern, Lehrer, Onkel und Tanten, Priester und Freunde aus Ihrer Kindheit auf. Aus ihnen leiten wir oft unsere Glaubenssätze ab.
Anton Tschechow gab Schauspielern einmal den Rat: „Wenn Sie Ihre schauspielerische Leistung verbessern wollen, dann arbeiten Sie an sich selbst." Das gleiche gilt auch für Ihre Kreativität.
Erkennen Sie Ihre Konditionierungen. Suchen Sie die Unterstützung von Fachkräften. Machen Sie eine Therapie, besuchen Sie Selbsterfahrungsgruppen oder führen Sie Klärungsgespräche.

85 *Erkennen und überwinden Sie Eifersucht, Geiz und geistige Enge.*

Als kreativer Mensch haben Sie den Mut, in die Zukunft zu blicken und innere und äußere Belastungen hinter sich zu lassen. Das kann Eifersucht, Geiz, Neid, Nörgelsucht, ein Haus, ein Auto, eine Beziehung, materielle Sicherheit oder was auch immer sein.

Fragen:

Selbsterkenntnis ist wichtig, aber ebenso wichtig ist dabei das Urteilen wegzulassen. Nur dann trauen sich auch die Schatten an die Oberfläche. Es ist aber wichtig sie zu erkennen.

1. In welchen Bereichen bin ich geistig eng und untolerant?
2. Auf wen oder was bin ich eifersüchtig?
3. Halte ich mich für großzügig oder eher geizig?

Fragen Sie eine Vertrauensperson.

86

Nutzen Sie Ihre Kreativität für die Selbstverwirklichung und nicht für faule Ausreden.

Meiden sie folgende Killerphrasen:

Das kann ich nicht!
Das geht nicht, weil …!
Daraus wird nie was!
Das haben wir alles schon ausprobiert!
Die Experten denken aber ganz anders darüber.
Was bildest du dir eigentlich ein?
Wie wollen Sie das machen?
Wer soll das bezahlen?

Meine Meinung steht fest!
Das darf man nicht.
Dazu fehlt mir die Ausbildung.
Mir fällt nichts ein.
Ich habe keine Lust.
Was soll das?
Ich bin zu dumm dazu.
Das darf man nicht.

Um Ihre eigenen Killerphrasen aufs Parkett zu rufen, formulieren Sie schriftlich Ihre Wünsche und Träume. Zum Beispiel: „Ich möchte ein Haus am Meer", „Ich möchte Saxophon lernen", „Ich möchte Schauspieler werden", „Ich möchte selbstständig werden" und schon stehen sie Schlange, die Killerphrasen.
Ergänzen Sie diese Miesepeterliste mit eigenen, Ihnen vertrauten Killerphrasen.
Verändern Sie Ihre Position vom Opfer zum Schöpfer.
Wenn Sie sagen: „Ich kann nicht", handeln Sie als Opfer.
Der kraftvolle Satz: „Ich kann!" befreit Sie unmittelbar aus Ihrer eingebildeten Machtlosigkeit und bringt Sie in die Position des Schöpfers. Noch besser wäre natürlich, wenn Sie das nächste Mal erst gar nicht auf die dummen Kommentare in Ihrem Kopf hören.
Versuchen Sie es heute noch, Widerstände hat jeder genug. Sie werden begeistert sein, wenn Sie einsehen, dass Sie die Wahl haben, was Sie denken oder nicht.

87 *Überwinden Sie Ihre Bequemlichkeit.*

Ein gewaltiger Kreativitätskiller ist die Bequemlichkeit. Sie macht auch vor kreativen Menschen nicht halt; interessanterweise regt sie kreative Lösungen an, die die Bequemlichkeit vergrößern. Die Überwindung der eigenen Faulheit ist ein Kraftakt, den einem niemand abnimmt. Was einem dabei hilft, ist die Sehnsucht nach einem erfüllteren Leben. Der Satz „Das kann doch noch nicht alles gewesen sein!" hat schon manche Sofa-Kartoffel in einen dynamischen Menschen verwandelt.

88 Wollen Sie immer angestrengt ein guter Mensch sein? Vergessen Sie's!

Einer der größten Kreativitätskiller, weit verbreitet in der sozialen und sogenannten spirituellen Szene, ist der Zwang „gut und menschlich" und vor allem kein „Egoist" zu sein. Weil wir natürlich alle Liebe und Anerkennung brauchen, lassen wir uns dauernd, gerade von Menschen, die uns doch so „lieb haben", ein schlechtes Gewissen einflößen, wenn wir etwas tun, sagen oder lassen, das anderen nicht in den Kram passt.

Ein paar Anregungen, um ein Egoist zu werden:

Betrachtet man Egoismus im weitesten Sinne, muss jedes menschliche Verhalten als egoistisch eingestuft werden, denn jedem bewussten Tun liegt eine individuelle Abwägung des Eigennutzens zugrunde.

Das heißt: Jeder denkt letztlich nur an sich, auch der Altruist.

Geben Sie sich die Liebe und Anerkennung selbst, indem Sie genau das tun, was Sie für richtig halten. Ihr Selbstbewusstsein und Ihre innere Kraft werden dabei so sehr wachsen, dass Sie immer weniger auf die Meinung anderer Leute angewiesen sind. Solange Sie nicht unter krankhafter Selbstsucht leiden und andere quälen oder ausbeuten, sind Sie noch lange kein Egoist, wenn Sie im Namen Ihrer Selbstentfaltung in den Augen der anderen „eigennützig" sind.

Wenn Sie nämlich auf Ihr Herz und Ihre innere Stimme hören, sind Sie in hohem Maße altruistisch, da Sie sich zum ersten Mal der Liebe und dem Gesetz der Selbstachtung stellen, was dem Ego ganz schön auf die Pelle rückt.

Wer wirklich liebt, achtet und liebt sich selbst und will niemanden manipulieren und unterdrücken.

Die größten Kreativen dieser Welt sind oft die größten Egomanen und Sie haben der Menschheit große Erfindungen und künstlerische Werke hinterlassen.

Erinnern Sie sich an den Bestseller von Ute Ehrhardt:

„Gute Mädchen kommen in den Himmel, böse überall hin – Warum brav sein uns nicht weiterbringt." Das Gleiche lässt sich auch über die guten Jungen sagen.

Authentischer, kreativer Ausdruck wirkt sich heilend auf den aus, der es tut, also auf den Künstler und seine Umgebung. Das heißt, kreativer Selbstausdruck ist nicht egoistische Selbstdarstellung, sondern ein Beitrag, der eine tiefe innere und äußere Wandlung und Heilung ermöglichen kann. Authentische Kreativität ist in direkter Verbindung mit der kreativen Intelligenz, sie ist ein Teil davon und strebt danach, aus dieser Quelle inspiriert zu werden.

VERBOT

Gemäss gerichtlicher Verfügung vom 24. 1. 1986
wird Unberechtigten das Führen und Aufstellen
von Fahrzeugen aller Art im Hofraum der
Liegenschaft Kat. Nr. A 1065 an der

Froschaugasse

in Zürich 1, unter Androhung von Polizeibusse
bis Fr. 200.– untersagt.
Berechtigt sind nur die vertraglich legitimierten
Mieter auf den ihnen zugewiesenen Parkplätzen.
Zürich, 7. Februar 1986

89

„Darf man das?" Eliminieren Sie diese unsinnige Frage ein für allemal aus Ihrem Kopf.

Oft fragen mich Malschüler oder Besucher meiner Performances ganz unterwürfig und feierlich, so als wäre ich die höchste Instanz in Sachen Malerei: „Darf man (z. B. diese oder jene Farbe mischen)?"
Mein größter Genuss, den ich mir nie entgehen lasse, besteht dann darin, dass ich sehr ernst antworte: „Ich weiß es nicht."

Vorschriftsgläubigkeit

Während gewisse Regeln zweifellos für unser Zusammenleben nötig sind, gibt es auch viele, die jegliche Innovation behindern, weil sie zu mentaler Gleichgültigkeit und zu einem Beharren auf dem Status quo führen. Viele Erfindungen und Innovationen stammen von Menschen, die aus einer ganz anderen Sparte kommen, weil eben diese Leute in ihrem kreativen Schaffen nicht durch all die althergebrachten Vorschriften und Denkmuster behindert werden.

Autoritätsgläubigkeit und Anpassertum

„Sich der Autorität anderer zu sehr anzupassen heißt die eigene Originalität und Gestaltungskraft aufzugeben. Kreativität und Individualität sind innigst miteinander verbunden."
(Victor Scheitlin)

90 Finden Sie ein Gift gegen Ihren inneren Pessimisten. Unterstützen Sie den Optimisten!

Der Pessimist richtet seine Aufmerksamkeit allein auf den negativen Aspekt eines Problems und verschwendet seine kreativen Kräfte, um zu überlegen, was für Nachteile sich aus einer Sache ergeben könnten.
Ganz anders der Optimist: Er setzt seine Kreativität frei, indem er alle Möglichkeiten und Chancen erkennt, die sich durch die Krise eröffnen.

91 Zu hohe und zu niedrige Ansprüche an sich selbst – beides ist zerstörerisch. Finden Sie ein Mittelmaß.

In jeder kreativen Leistung entsteht ein sichtbares Produkt oder Objekt, das früher oder später einer Qualitätskontrolle unterzogen wird.

Bei der Produktion eines Gebrauchsgegenstandes sind die Kriterien relativ einfach, objektiv und von außen her vorgegeben. Entweder etwas funktioniert oder eben nicht. Wie ist es aber in der freien künstlerischen Gestaltung, bei der ein Künstler ganz alleine vor seinem Bild, dem Stück Holz, der Töpferscheibe oder am Piano sitzt?

Da ist er ganz auf sein Auge, seine Hände und seine Ohren und Sinne angewiesen, die Autorität muss aus ihm selbst kommen.

Bei der Bewertung des eigenen Kunsthandwerks gibt es die große Masse der Hobbykünstler, die mit erstaunlich wenig zufrieden ist, und dann diejenigen mit dem arroganten Blick, die einen auf „Genie", sich selbst und andere dauernd niedermachen und schwarz gekleidet an der Kunst zugrunde gehen.

Seien sie auf der Hut, wer Sie kritisiert. Die spontane Kritik eines Kindes ist vielleicht mehr wert als das Lob eines Neiders. Lassen Sie sich nicht beeinflussen von Schmeicheleien, aber auch nicht von spöttischen Floskeln. In der Kunst wird viel geredet, wenn der Tag lang ist.

Seien Sie selbst Ihr schärfster Kritiker. Schaffen Sie für sich selbst und nicht für ein anonymes (Fach-)Publikum, mit dem Sie noch nie an einem Tisch gesessen haben.

Setzen Sie die Messlatte hoch, was die Qualität und das Niveau Ihres Produkts betrifft. Messen Sie sich an den Besten Ihres Fachs. Gehen Sie aber auch liebevoll mit sich um. Loben Sie sich, wenn etwas gelungen ist. Jedes Pferd braucht mal ein Zückerchen.

Finden Sie im Umgang mit sich selbst ein schöpferisches, das heißt ein polares Gleichgewicht zwischen dem strengen Vater und der liebevollen Mutter. Es ist nie zu spät für ideale Eltern.

92 *Erkennen Sie, wenn Sie ein Problem zu eng sehen.*

Oft geschieht es, dass wir bei einer Problemlösung zu wenig in die Tiefe gehen und deshalb kreative Lösungen verhindern.

Empfehlungen bei zu enger Problembetrachtung:

1. Befolgen Sie das Sprichwort „Fragen macht klug." Fragen führen zu Erkenntnissen. Erinnern Sie sich an Ihre Kindheit, als Sie noch die Kunst des unbefangenen Fragens beherrschten.
2. Analysieren Sie das Problem.
3. Erfassen und definieren Sie das Hauptproblem und das Nebenproblem.
4. Betrachten Sie das Problem ganzheitlicher, d.h. von allen erdenklichen Seiten und Gesichtspunkten aus.
5. Erweitern Sie ihre Betrachtungsweise auf verschiedene Aspekte. Sehen Sie auch Tipp 78.

93 *Erkennen Sie, wenn Sie ein Problem zu weit sehen.*

Es kann aber auch sein, dass Sie vor lauter Gründlichkeit und Detailinformationen das Entscheidende aus den Augen verlieren.

Empfehlungen bei zu weiter Problembetrachtung:

1. Verhindern Sie nicht die Sympathie der Leute durch Ihren Detailfanatismus.
2. Verengen Sie Ihre Betrachtungsweise auf das Wesentliche.
3. Setzen Sie Prioritäten und treffen Sie Entscheidungen.

94 *Wenn Müdigkeit und Lustlosigkeit Sie allzu lange belasten, seien Sie ehrlich mit sich selbst, denn Sie wissen warum.*

Wenn sie als Miesepeter Ihr Leben fristen wollen, ist das Ihr gutes Recht. Willkommen im Club. Sie befinden sich in Gesellschaft der Mehrheit der Bevölkerung. Kapitulieren Sie nicht vor dieser wirklich ernsthaften Kreativitätsblockade. Belügen Sie sich nicht länger. Sagen Sie die Wahrheit! Wenn Sie ehrlich sind, wissen Sie ganz genau, woran Ihre Lustlosigkeit liegt und was Sie ändern sollten. Schreiben Sie es auf und handeln Sie entsprechend!

Die Symptome von Müdigkeit und Lustlosigkeit können Ihnen etwas sagen; sie sind ein Zeichen dafür, dass Sie etwas in Ihrem Leben verändern sollten. In den meisten Fällen ist uns sehr klar, worin die Blockade liegt, aber wir haben Angst daran etwas zu verändern. Beschäftigen Sie sich hier an diesem Punkt mit sich selbst.

Holen Sie sich Hilfe, zum Beispiel in einem psychologischen Klärungsgespräch oder bei einer weisen Freundin anstatt einen Dämmerzustand hinzunehmen.

95 *Verwechseln Sie Durchsetzungskraft nicht mit Sturheit und autoritärem Verhalten.*

Haben Sie die Größe rechtzeitig aufzuhören, wenn Sie sich hoffnungslos in eine Idee verbissen haben. Verbissener Ernst und krankhafter Perfektionismus sind das Krebsgeschwür des Egos. Quälen Sie sich nicht. Haben Sie auch hier Vertrauen in das Leben. Vergessen Sie nicht: Sie können wenig machen, dafür aber viel geschehen lassen. Versuchen Sie nicht durch die Wand zu gehen, sondern durch die Türe. Viele Menschen leben nach dem Motto: Hauptsache es macht keinen Spaß! Denn wenn etwas Spaß macht und leicht geht, dann kann das nichts Gutes sein. Aber gerade das Gegenteil ist der Fall. Die ganz großen Würfe kommen auf leichten Flügeln und legen sich vor Deine Füße wie ein fallendes Herbstblatt.

Sturheit und autoritäres Verhalten

Autoritäres Verhalten und Überheblichkeit sich selbst oder einer Gruppe gegenüber ist gefährlich; es kann sich eine Zeit lang halten, aber auf lange Sicht erstickt es die konstruktive Kreativität und erfordert immer mehr Druck, ohne zu Ergebnissen zu gelangen, die geradezu spielerisch zustande kämen, wenn nur Freiheit herrschte.

Kritikmanie

Wer andere und sich selbst ständig kritisiert, will damit nur eigene Schwächen kaschieren.

Im Grunde ist es letztlich egal, was Sie tun, die Hauptsache ist, dass Ihre Energie wieder in Schwung kommt, indem Sie sich für etwas entscheiden. Energieblockaden sind deshalb schmerzlich und frustrierend, weil sie Ihre Lebensenergie blockieren.
Vielleicht glauben Sie es „recht" machen zu müssen oder Sie wollen alles auf einmal schaffen. Die gängigste Ausrede allerdings ist: „Ich würde schon etwas tun, wenn ich mich nur entscheiden könnte!" oder „Ich weiß nicht wie, wohin, mit wem, wo kämen wir da hin, wenn …" oder, der Klassiker, „Ich kann nicht" usw. Diese Argumente geben Ihnen einen scheinlogischen Grund, das Handeln immer wieder auf morgen zu verschieben. Handeln macht Angst. Angst vor dem Versagen. Angst vor Blößen und Spott. Und vor allem Angst vor Verantwortung. Sie behindert alles: Ihre Kreativität und den Zuwachs an Herausforderungen und Aufgaben. Tun Sie lieber das Falsche als gar nichts. Dann wissen Sie wenigstens, was nicht funktioniert. Wenn Sie wirklich nicht wissen, was Sie tun sollen, dann werfen Sie zum Spaß eine Münze oder einen Bierdeckel. Seien sie kreativ. Erfinden Sie andere Entscheidungshilfen. Wenn Sie mögen, können Sie es auch anders sagen: Sie geben Ihre Entscheide einfach in Gottes Hand und vertrauen. Oder Sie entscheiden sich entschlossen NICHTS zu tun und Sie tun das konsequent und ohne schlechtes Gewissen.

© Stefan Häuselmann - Fotolia.com

97

Kaufen Sie sich ein Surfbrett und folgen Sie dem Rauschen der Brandung.

Was bedeutet Ego? Das Ego ist der Teil, der sich vom Ganzen, der Schöpferkraft getrennt hat und sich deshalb einsam fühlt. Was auch immer wir in der äußeren Welt erreicht haben: Die Grundstimmung des Egos ist Angst, Mangel und die lebenslange frustrierende Anstrengung mittels angelernter Verhaltensweisen und Glaubenssätzen diesen Mangel von Liebe, Anerkennung, Reichtum und Glück auszufüllen. Wenn wir ehrlich sind, wissen wir aber, dass dieser Versuch hoffnungslos ist und endlos dauert. Der Grund ist einfach: Weil Sie das Spiel des Lebens erst wirklich genießen können, wenn Sie es als Spiel erkennen und die Quelle Ihres Glücks im eigenen Innern gefunden haben.

Alle Tipps dieses Büchleins zielen letztlich auf ein und dasselbe hin:

1. Erkennen, akzeptieren und verstehen Sie dieses Gefühl von Angst und Mangel in sich selbst.
2. Finden Sie heraus, wer Sie sind und was Sie wollen, wo Ihre wahre Bestimmung und Begabung, Freude und Begeisterung liegt.
3. Geben Sie sich alles, was Sie außen suchen, zuerst selbst.

Aus diesem schöpferischen Akt entsteht ganz automatisch Ihr Leben „Marke Eigenbau". Wunder und Erfolge geschehen und Sie erkennen, dass das, was Sie gesucht haben, immer schon in Ihnen vorhanden war. Und wenn es Zeit ist, werden Sie die erstaunliche Erfahrung machen, dass Sie sich von Ihrem Ego gar nicht befreien müssen und es sich auch gar nicht auflöst, weil es im Grunde gar nie existierte.
Diese Erfahrung wird Sie letztlich in die Freiheit und schöpferische Fülle führen. Sie werden ein Surfer auf dem offenen Meer. Ihr Leben wird immer mehr ein Tanz zwischen den Welten und Gegensätzen, dann lachen Sie zum ersten Mal über sich selbst anstatt über die anderen. Bis die Trennung sich eines Tages auflöst und alles EINS geworden ist. Dann kreisen Ideen über Ihrem gedankenleeren Kopf wie Möwen über der Gischt. Willkommen zu Hause!

© spot-shot - Fotolia.com

98

Sie sind so oder so ein Sieger, weil Sie nichts wirklich brauchen, um schöpferisch zu sein. Sie sind es bereits.

„Moment mal, wenn das so wäre, sähe mein Leben anders aus!" mag manch einer sagen. Nein, es sieht genau so aus, wie Sie es sich erschaffen haben.
Ihr Leben ist das, was Sie daraus machen. Glück bedeutet nichts anderes, als nicht mehr Opfer, sondern Schöpfer zu sein und zu erkennen, dass das Unglück nur im eigenen Kopf existiert.

© Michael Janis

99 *Und noch was: Vergessen Sie das Feiern nicht!*

Ritualisieren und zelebrieren Sie Ihre Dankbarkeit in stillen und lauten Feierlichkeiten. Wenn Ihnen etwas gelungen ist: Ballen Sie Ihre Siegerfäuste und schreien Sie aus Leibeskräften: „Ja, geil, danke, wow, ich fass' es nicht!" Fallen Sie zu Boden, beten Sie, weinen Sie vor Freude, geben Sie Ihrem Partner die „Fünf". Leben Sie nicht so halbherzig! Motivieren Sie sich selbst und andere mit diesen vitalen Schüben. Außerdem macht es unglaublich viel Spaß!

Vergessen Sie niemals: Es ist nicht selbstverständlich, wenn Ihnen etwas gelingt, der Triumph gehört nicht Ihnen alleine. ES ist immer ein Geschenk der Schöpferkraft. Geben Sie dem Leben zurück, was es Ihnen geschenkt hat:

All die Einfälle, Ideen und Eingebungen und die damit einhergehenden Ekstasen und inneren Triumphe nach Phasen vorübergehender Resignation und Hoffnungslosigkeit.

Lassen Sie im Feiern, Tanzen und Fröhlichsein alles los, um erneut leer zu werden für weitere Inspirationen und Eingebungen. Überraschen Sie einmal Ihre Lieben mit einem schön dekorierten Esstisch, einer Grillparty mit feierlichen Kerzen und schöner Musik oder was immer Sie und Ihre Lieben gerne tun.

Dankbarkeit ist der beste Nährboden für neue Erfolge, mögen sie auch noch so winzig sein. Lernen Sie zu genießen, was Sie erreicht haben.

Lebensbereiche

Außen:

Beruf, Traumberuf, Wunschberuf, Lieblingsbeschäftigung
Hobby
Freizeit, Reisen
Meine Kreativität, mein künstlerischer Ausdruck
Wohnort, Haus, Wohnung, meine Inneneinrichtung
Kleider, Garderobe, Lifestyle
Auto, Motorrad, Fahrrad
Meine leibliche Familie: Vater, Mutter
Meine Beziehung/en: Mein Freund, Mann, Geliebte/r, Traum-
partner
Meine Sexualität, Lust
Meine Gesundheit, Fitness, Wellness
Meine Ernährung
Mein soziales Umfeld: Freunde, Freundinnen, Geselligkeit,
Partys, Ausgang
Mein Geld, Vermögen, Erbe

Innen:

Meine Liebe, Gefühle, Emotionen, Lebensfreude, mein Herz
Mein Selbstbewusstsein, Selbstvertrauen,
Meine Durchsetzungskraft, Ausdauer, Selbstachtung, Selbst-
liebe
Mein Mut
Meine Lebens-Vision, mein Traum
Meine Prioritäten: Was ist mir in meinem Leben am wichtig-
sten? Was möchte ich am Ende meines Lebens erreicht, gelebt
haben?
Wie sieht mein Leitstern, mein Leitsatz aus?
Meine Spiritualität, Bewusstsein, Beziehung zum Göttlichen

Die W-Fragen

Die Grundsatzfrage:

Will ich (überhaupt) …?
Was?
Wer?
Wo?
Wie?
Wann?
Warum?
Weshalb?
Wieviel (e)?
Wohin?
Womit?
Wodurch?
Woher?
Worin?
Worum?
Wessen …?
Welche?
Welcher?
Welches (sind die …)?
… wenn …?
Mit was für …?
Mit wem?
Mit welcher (em/en)?
In was (für) …?
In welche (er/em/en) …?
Aus was (für)?
Aus welcher (em/en) …?